7 Mocy Tworzących Świat
I
7 Mocy W Tobie

NAUKI NADZIEI

(Master Teachings of HOPE)

TOM PIERWSZY

JOHANNA KERN

Publikacja:

HUMANS OF PLANET EARTH ASSN.

Pomoc przy polskiej wersji językowej:

Anna Młodawska

Oprawa graficzna: Johanna Kern

Wydanie trzecie: 2024

ISBN: 978-1-989913 57-4

Dedykacja

Mojej rodzinie, przyjaciołom i Tobie, drogi Czytelniku

„Ciesz się życiem, rozwijaj się i ucz.

Żyj pełnią życia i miej serce szeroko otwarte.

Bez względu na to, co się dzieje, bez względu na to, że można zostać zranionym. Życie to pakiet zawierający różne doświadczenia. Wszystkie z nich to wspaniałe dary pozwalające człowiekowi stać się lepszym, piękniejszym i bardziej świadomym.

Naucz się rozumieć i doceniać siebie jako człowieka. Każdy z Was jest bardzo silny.

Wszystko, czego potrzebujecie, aby zamanifestować swoją wspaniałą moc, to pamiętanie o tym, że już ją macie i używanie jej z miłości."

– *„Mistrz i Zielonooka Nadzieja"*

SPIS TREŚCI

POPARCIE

„NIEKTÓRE MOCE, O KTÓRYCH LUDZIE NIE WIEDZIELI, ŻE JE POSIADAJĄ:

Ta inspirująca książka okrąża to, czego zdaniem wielu czytelników brakuje w ich życiu. Zamiast tego koncentruje się na mocach, o których istnieniu wielu czytelników nie wie. Odkryją, że ich zdolność do zdobywania informacji nie ogranicza się do zmysłów, ale jest wrodzoną zdolnością, którą trzeba ćwiczyć, gdy zdadzą sobie sprawę, że myśli to działania, że są częścią globalnego „pola energetycznego", a doświadczenie życiowe i mądrość są dostarczane przez umysł i serce, które muszą współpracować ze sobą, aby osiągnąć pełną świadomość i szczęście".

Prof. dr. hab. Stanley Krippner

– autor wielu książek i artykułów; współautor bestsellerowej książki „Mitologia Osobista" (Personal Mythology); były prezes Stowarzyszenia Psychologii Humanistycznej, Parapsychologicznej oraz Towarzystwa Badań Snów; założyciel Międzynarodowego Towarzystwa Badań nad Dysocjacją; Członek Amerykańskiego Towarzystwa Psychologicznego, Naukowego Towarzystwa do Badań nad Seksem, Amerykańskiego Stowarzyszenia Psychologów, Amerykańskiego Towarzystwa Hipnozy Klinicznej oraz Naukowego Towarzystwa ds. Badań nad Religią, były dyrektor Laboratorium Snu w Maimonides Centrum Medycznym w Nowym Jorku oraz Centrum Badania Dziecka przy Uniwersytecie Kent w Stanach Zjednoczonych; pionier w badaniu świadomości, przez 50 lat prowadził badania w dziedzinie snów, hipnozy, szamanizmu i dysocjacji; laureat nagród za Wybitny Wkład w Międzynarodowy Rozwój Psychologii i Profesjonalnej Hipnozy oraz kilku nagród za całokształt osiągnięć życiowych. –

Wiadomość Od Johanny Kern

Jak opisałbyś/opisałabyś swoje życie: czy ono Ci się przytrafia, czy toczy się pomimo Ciebie, przeciwko Tobie, dla Ciebie czy z Tobą?

Bez względu na to, jaką odpowiedź znajdujemy wewnątrz siebie - poinformuje nas ona o tym, gdzie znajdujemy się w tym momencie. To wszystko. Jaka by nie była Twoja odpowiedź - żadna nie jest lepsza czy gorsza od innej. Odzwierciedla ona tylko to, kim obecnie jesteś. Powie Ci także, czy to, co myślisz na swój własny temat, zgadza się z Twoją głęboką wewnętrzną Prawdą.

Jako świadomość, którą jesteś, podlegasz ciągłej ewolucji i szukasz kolejnych możliwości poszerzenia swojej wizji siebie. Objawia się to w Twoim życiu poprzez Twoje dążenie do osiągnięcia szczęścia, znalezienia własnej drogi życiowej, polepszenia sytuacji, doskonalenie siebie, potrzebę dobrego/szczęśliwego związku, sięganie po coś, pragnienie spełnienia swoich marzeń itp., itd.

Nasze fizyczne życie to nasza własna podróż. Należy do nas i z nas się wywodzi. Nie próbujmy debatować nad tym, jak to wszystko się faktycznie zaczęło, czy też nad tym, jaka jest natura tego, co niektórzy mogą nazywać Bogiem/Boginią, Duchem, Siłą Wyższą, Absolutem czy Najwyższą Wibracją - jak mówimy w Naukach Mistrzów HOPE (Nadziei), lub w skrócie: Naukach Nadziei (w wersji oryginalnej: Master Teachings of HOPE). Nie to jest celem tej książki.

I nie jest naszym celem powiedzieć Ci, jaka religia czy poglądy filozoficzne są dla Ciebie najlepsze. Nauki Nadziei cenią i szanują wszystkie wierzenia w równym stopniu.

Postrzegamy wszystkie religie i poglądy filozoficzne zasadniczo jako wyrazy konkretnych lokalnych i kulturowych uwarunkowań, które sprawiają, że ludzie w określony sposób postrzegają Boga/Boginię/Ducha/Siłę Wyższą/Absolut itp. i w określony sposób oddają mu/jej hołd.

Wszystkie są pełne ludzkiej mądrości, do której można mieć dostęp, nie skupiając się na konkretnych wierzeniach, które promują.

W odpowiedzi na wiele próśb postanowiłam, że nadszedł czas, by ujawnić bardziej zaawansowane poziomy starożytnych Nauk Mistrzów HOPE (Nadziei), które wyjaśniają wszystko począwszy od naszego pochodzenia i celu istnienia, a skończywszy na tym, jak możemy się w pełni rozwijać w celu odkrywania niezliczonych możliwości Koła Tworzenia.

Nauki Nadziei mają na celu poszerzenie Twojej świadomości i zapewnienie Ci pomocy w rozwoju aż do osiągnięcia przez Ciebie pełni swojego potencjału. Nie mają na celu zmieniać tego, kim jesteś, ani zmieniać Twojego systemu wierzeń - bez względu na to, czy reprezentujesz poglądy naukowe, ateistyczne czy religijne.

Dowiesz się w tej książce o 7 Mocach, które tworzą świat i - równocześnie - znajdują odbicie jako procesy wewnętrzne zachodzące podczas naszej bieżącej Ewolucji.

Każda z 7 Mocy jest unikalna i każda z nich odgrywa konkretną rolę w procesie tworzenia. Jednocześnie do tworzenia potrzebna jest współpraca wszystkich Mocy. Kiedy zrozumie się 7 Mocy i dostroi się do nich, zdobywa się szansę wyzwolenia się z błędnego koła, gdzie tworzymy i współtworzymy naszą osobistą i globalną *Krainę Cieni.*

Żadne siły zewnętrzne nie mogą decydować o tym, jakie życie prowadzimy. To naprawdę zależy od nas. I nadszedł czas, żeby sięgnąć po to, co nasze: życie, jakiego chcemy, rzeczywistość, jakiej chcemy, oraz wolność i szczęście, jakich chcemy.

Aby pomóc Ci dostroić się i pozostawać w harmonii z 7 Mocami, stworzyłam specjalny program, który pozwoli Ci doświadczać siebie, wychodząc poza koncepcje i ograniczenia umysłu:

W tej książce znajdziesz narzędzia, które pomogą Ci poszerzyć swoją wizję siebie, wyostrzyć swoją intuicję i wydobyć lub poprawić wizję „trzeciego oka" - co dalej prowadzi do przebudzenia pewnych uśpionych dotychczas obszarów mózgu.

Nauczysz się, jak wykorzystywać swoje myśli, by wpływać na rzeczywistość, w której żyjesz, a także dowiesz się, jak korzystać z darów 7 Mocy, by osiągnąć pełnię swojego potencjału.

Nie ma żadnych granic w tym, kim jesteś - tak samo jak żadnych granic nie ma Twoja wspaniałość. Z wyrazami miłości oddaję w Twoje ręce pierwszy tom z serii zaawansowanych Nauk Nadziei.

Czym Jest A Czym Nie Jest Moc

Jesteś tutaj, by wiedzieć, że nie masz żadnych ograniczeń

Jesteś tutaj, by stać się w pełni tym, kim możesz się stać

Jesteś tutaj

Co dla Ciebie oznacza Moc?

Czy jest to władza, kontrola, wolność robienia tego, co chcemy, albo wpływ na innych, wyróżnianie się spośród innych, pieniądze, sława, wysoka pozycja społeczna? A może postrzegasz Moc jako pewność swojej wiecznej i lepszej egzystencji - kiedyś po śmierci?

To, czy nasz pogląd na Moc opiera się na uwarunkowaniach społecznych czy religijnych, osobistych pragnieniach czy nadziejach na lepszy świat lub życie po śmierci, to zawsze kwestia wyboru.

A jeśli ten wybór jest zakorzeniony w naszym poczuciu bezsilności, wyrażanym jako potrzeba zostania kimś szczególnym, ważnym i dopiero wtedy w naszym pojęciu „bezpiecznym" i „wartym" życia i przetrwania - rzadko to odzwierciedla nasze głębokie zrozumienie tego, jak tak naprawdę postrzegamy swoją rolę na świecie.

Kiedy utrzymujemy w sobie poczucie braku bezpieczeństwa, utrwalamy swoją bezsilność i poddajemy się wewnętrznym lękom, nie tylko odrzucamy swoją unikalność, swoje prawdziwe piękno i wartość, ale też nie cieszymy się prawdziwie swoim życiem, wyczekując lub tęskniąc za jakąś lepszą przyszłością, czy to w tym życiu czy po śmierci.

Chociaż nie ma żadnej gwarancji ani na wieczność naszej istoty (lub jeśli wolisz - duszy) tak samo, jak nie ma żadnej gwarancji, że uda nam się obudzić następnego dnia - jako świadomość, którą jesteśmy, pragniemy przetrwać. I tak, możemy kontynuować swoje istnienie jako świadomość tak długo, jak długo się rozwijamy i doświadczamy swojego istnienia.

Każdy z nas ma możliwość połączenia się z Prawdziwą Nieskończoną Mocą - która jest dla nas dostępna, zapewnia kontynuację naszego istnienia i pozwala nam tworzyć liczne możliwości do doświadczania siebie jako świadomości.

Kiedy szukamy Mocy, pojmując ją poprzez filtr naszego uwarunkowania - społecznego, religijnego, czy też wynikający z osobistego braku poczucia własnej wartości, tak naprawdę umniejszamy naszą własną Prawdziwą Moc.

To tak, jakby nakładać papierowe torebki na świece, żeby zrobić lampiony i ochronić je przed wiatrem. Chcemy zapewnić, żeby nam świeciły w nocy. Jednak papierowa osłona przyćmiewa światło świecy, ogranicza jej jasność i tym samym zmniejsza jej moc.

Kiedy kryjemy się pod „papierową osłoną", nie możemy w pełni „zalśnić" naszą Prawdziwą Nieskończoną Mocą, która przez nas przepływa. I to właśnie dlatego pozostajemy więźniami własnych lęków, poddając się potrzebom i zachciankom własnego Ego, Umysłu, Ciała i Emocji.

„A czy jest coś złego w naszych potrzebach i zachciankach?" - możesz zapytać.

Nie. Nie ma nic złego w dążeniu do realizacji naszych pragnień dotyczących materialnej, emocjonalnej lub intelektualnej „zabawy życiowej", zaspokajaniu naszych pragnień i ambicji. Wręcz przeciwnie - świetnie jest się dobrze bawić!

Jednak ważne jest, by nie mylić tych pragnień z czymś innym i pozostać świadomym, że spełnianie ich nie oznacza zyskania jakiegoś szczególnego miejsca we wszechświecie.

Istnieje wiele ludzi, którzy mają obsesję na temat iluzorycznej mocy „papierowej osłony" (w skrócie „Papierowej Mocy"). Często widzimy rezultaty takiej obsesji, kiedy to ludzie ci nie szanują, niszczą, ranią lub unicestwiają innych ludzi oraz przyrodę, a w ostatecznym rozrachunku niszczą świat, w którym żyjemy.

„Papierowa Moc" to nic więcej jak iluzja. Całe społeczeństwa zostały wmanipulowane w uczestnictwo w tym rodzaju iluzji i w posłuszeństwo systemom, które służą tylko nielicznym.

<u>Przyjrzyjmy się najczęściej spotykanym iluzorycznym rodzajom „Papierowej Mocy", utrzymywanych na naszej planecie z pokolenia na pokolenie:</u>

- Wierzeniowa/Bałwochwalcza Moc Iluzoryczna
- Dziedziczna/Wrodzona Moc Iluzoryczna
- Wirtualna Moc Iluzoryczna

Wierzeniowa/Bałwochwalcza Moc Iluzoryczna - indoktrynowanie, robienie prania mózgu i wdrukowywanie lęków do podświadomości ludzi w celu manipulowania nimi poprzez ogłaszanie świętości ideałów/symboli i tworzenie zestawu zasad wywołujących lęk w celu ograniczania wolności ludzi w samodzielnym myśleniu i rozwijaniu się w kierunku osiągnięcia pełni swojego potencjału. (Łatwiej jest wykorzystywać ludzi, którzy nie myślą sami za siebie i się boją.)

Dziedziczna/Wrodzona Moc Iluzoryczna - roszczenie sobie prawa do bycia lepszym od innych z racji dziedziczenia/urodzenia, ogłaszanie się lepszym/wybranym/szczególnym człowiekiem, który „ma prawo" wykorzystywać/czerpać korzyści z/ciemiężyć innych.

Wirtualna Moc Iluzoryczna - wykorzystywanie manipulacji, oszukiwania, ubezwłasnowolniania/ogłupiania ludzi i egzekwowanie zasad/regulacji, których trzeba przestrzegać i które w efekcie końcowym przynoszą korzyści głównie „elitom finansowym" - tworząc dla społeczeństw iluzję bycia pod ochroną władzy regulacyjnej i dając ludziom fałszywe poczucie posiadania wyboru co do ich selekcji, cech i działań.

Prawda jest taka, że mamy wybór: sami możemy zdefiniować swoją własną Moc i swoje ograniczenia. To zawsze była i jest kwestia naszego własnego wyboru.

Jesteśmy tymi, którzy ograniczają siebie samych do Papierowej Mocy, chociaż przez wieki obserwowaliśmy, jak taka moc się kruszy i rozpada - wcześniej czy później. Jesteśmy tymi, którzy zakładają na siebie „papierowe osłony" i jesteśmy tymi, którzy mogą się z nich wyzwolić.

Jedyne pytanie brzmi: w jaki sposób uzyskać dostęp do Prawdziwej Nieskończonej Mocy i sprawić, by w nas „zalśniła"?

Choć może to zabrzmieć prosto, zwykle wydaje się to bardzo trudną rzeczą do zrobienia. Cała ta idea - my wypełnieni Prawdziwą Nieskończoną Mocą może wydawać się zbyt abstrakcyjna, niemożliwa do osiągnięcia, „zbyt dobra, by mogła być prawdą". I to oczywiście dlatego właśnie zakryliśmy ją „papierowymi osłonami".

Kiedy już zdamy sobie sprawę z tego, że wszyscy jesteśmy ważni, szczególni i wartościowi - tylko dlatego, że istniejemy - nie będziemy potrzebować żadnych „papierowych osłon", by poczuć się lepiej czy bezpiecznie.

Tylko dlatego, że istniejemy, stajemy się szczególnym darem dla wszystkich innych i wszystkiego innego. Jednak skrywając się pod „papierowymi osłonami" nie możemy w pełni zalśnić i poczuć Prawdziwej Nieskończonej Mocy w sobie, tak więc wierzymy w to, że jesteśmy ograniczeni, nieważni i mali.

Tym niemniej, kiedy jesteśmy gotowi do dokonania innego wyboru, zawsze znajdujemy to, czego potrzebujemy: pomocne narzędzia, warunki, odpowiednich ludzi na naszej drodze, a nawet czas.

Kiedy pozwolimy Prawdziwej Nieskończonej Mocy przepływać swobodnie i wyrażać się poprzez nas, wejdziemy w obszar nieskończonych możliwości tego, kim i jak możemy być.

***

7 Mocy opisanych szczegółowo w niniejszej książce to 7 aspektów Prawdziwej Nieskończonej Mocy.

Można je obserwować na zewnątrz jako energie tworzące świat, w którym żyjemy, a także jako wewnętrzne procesy, przez które przechodzimy w trakcie naszej ewolucji. Wpływają one na nas i na nasze doświadczenia w danym czasie - bez względu na to, czy jesteśmy tego świadomi czy nie.

Aby rozwijać się i kontynuować swoje istnienie jako świadomość, którą jesteśmy, musimy dostroić się do energii 7 Mocy.

Ta książka pomoże Ci zrozumieć Twój własny nieskończony potencjał, wyjaśni Ci mechanizm działania 7 Mocy oraz to, jak możesz wykorzystać tę wiedzę dla własnych korzyści i rozwoju.

Naprawdę nosisz w sobie potęgę ponad wszelką miarę. Naprawdę jest w Tobie zdolność do życia życiem, jakiego chcesz. Bez żadnych ograniczeń, ale z pełną wolnością doświadczania tego, czego chcesz, dokładnie tak, jak chcesz.

Jesteś tutaj, by wiedzieć, że nie masz żadnych ograniczeń.

Jesteś tutaj, by stać się w pełni tym, kim możesz się stać.

Jesteś tutaj.

Rozdział 1

Doświadczanie Poza Zmysłami

Twoje życie to nie przypadek lub pomyłka

Twoje życie posiada cel i znaczenie

Jesteśmy. Myślimy, odczuwamy, widzimy, słyszymy, czujemy zapach, smak i dotyk, oddychamy, a także... Co jeszcze robimy?

Wiemy.

Wiemy albo w związku z powyższym albo dlatego, że odziedziczyliśmy część tej wiedzy z naszymi genami. Nasi przodkowie nauczyli się rzeczy, których my nie musimy się uczyć. Wiemy już te rzeczy dzięki temu, co nazywamy Ewolucją.

„Mózgi rozwijały się do tej pory w celu możliwości istnienia oraz przetrwania w Świecie Fizycznym. Dlatego używają „logiki zmysłów" w celu postrzegania, rozumowania i konkludowania."

– „Mistrz i Zielonooka Nadzieja"

Wraz z naszą Ewolucją, poszerza się nasza wiedza. A także - im dalej się rozwijamy - znajdujemy coraz więcej sposobów na doświadczanie siebie.

Kiedyś Ewolucję człowieka uważano za sposób na zaludnienie planety i zapewnienie naszego przetrwania jako rasy ludzkiej.

Teraz Ewolucję coraz częściej pojmuje się jako poszerzanie świadomości. Sposób na doświadczanie siebie na innych, bardziej zaawansowanych poziomach niż tylko za pomocą naszych pięciu zmysłów.

I nie jest to wcale nowa koncepcja. Od wieków pojawiali się ludzie, a czasem nawet całe społeczeństwa, których głównym celem był taki właśnie rozwój.

Takie osoby (lub społeczeństwa) były często opisywane jako „wyprzedzające swoje czasy" lub „wysoko rozwinięte". Choć większa część ich dorobku została zmyta z powierzchni ziemi lub ukryta, badacze i archeolodzy cały czas natykają się na artefakty, budowle, narzędzia i pisma, które świadczą o wysoko rozwiniętych umysłach, które je stworzyły

Co się z nimi stało? Dlaczego jesteśmy tu, gdzie jesteśmy, zamiast tam, gdzie moglibyśmy być? Dużo dalej z naszą wiedzą, technologią i świadomością społeczną?

Oczywiście możemy popatrzeć na to z historycznego punktu widzenia i uznać, że pewni ludzie, instytucje itp. chcieli/-ły naszej degradacji dla własnych korzyści. Tak, byli tacy ludzie, którzy wykorzystywali tych w niedogodnej sytuacji, otumanionych i zniewolonych - ograbiając ich z możliwości prawdziwego rozwoju i programując tak, by tkwili w paradygmatach, które służyły wyłącznie garstce wybranych, a nie ogółowi.

Możemy popatrzeć też na to w inny sposób, wychodząc z założenia, że wszystko, czego doświadczamy jest de facto zgodne z naszym rozwojem, gdyż to, czego potrzebujemy dla naszej wiedzy, jest nam dane. Oraz że bez doświadczenia, które przypadło nam w udziale, nie bylibyśmy tacy sami. Co więcej, naprawdę nie ma potrzeby wielkiego pośpiechu, gdyż dojdziemy tam, gdzie mamy dojść, w swoim tempie i we właściwym dla nas czasie.

Bez względu na to, czy jesteśmy tego świadomi czy nie, nadal się rozwijamy - w celu nieustannej ekspansji tego, czym tak naprawdę jesteśmy: świadomości.

„Wszelkie koncepcje ograniczenia lub starzenia się, oparte są na logice zmysłów, a nie na logice duchowej. Można realizować swoje marzenia w każdej sytuacji życiowej, bez względu na wiek i kondycję fizyczną. Nic nie może powstrzymać ludzi od bycia czymkolwiek i kimkolwiek chcą być, za wyjątkiem własnego wyboru."

– *„Mistrz i Zielonooka Nadzieja"*

Kiedy nie jesteśmy świadomi, że nasz rozwój odbywa się poprzez doświadczanie, często przytłaczają nas niespodziewane zmiany w naszym życiu, konieczność stawania w obliczu wyzwań, których nie rozumiemy oraz przyciąganie różnych przeszkód i problemów. Często odczuwamy brak szczęścia, który objawia się stresem, pogorszeniem stanu zdrowia, uzależnieniem, samotnością (bez względu na to, czy jesteśmy w związku czy nie), lękiem, brakiem głębszego celu, niezadowoleniem z naszego życia, niezadowoleniem z samych siebie lub innych.

A przecież nie musi tak być. Nasze życie nie jest przypadkiem lub pomyłką. Jesteśmy tutaj, by stać się w pełni tym, kim możemy być. Wszystko, co musimy zrobić, to kolejny krok w naszej Ewolucji - żeby żyć takim życiem, jakie jest nam przeznaczone: szczęśliwym, posiadającym prawdziwy sens i spełnionym.

Istnieje 7 Mocy, 7 aspektów naszego istnienia, które wywierają wpływ na naszą Ewolucję.

To właśnie 7 Mocy utrzymuje istnienie świadomości, jednocześnie umożliwiając jej doświadczanie siebie. Tworzą i „zarządzają" one światem materialnym i duchowym, w którym świadomość doświadcza swojego rozwoju.

Możemy zaobserwować 7 Mocy jako zewnętrzne źródła energii tworzących świat, w którym żyjemy, jak i procesy wewnętrzne, przez które przechodzimy podczas naszej Ewolucji.

Z pomocą tej książki nauczysz się, jak być z nimi w harmonii, tak byś mógł/mogła rozwijać się aż do osiągnięcia pełni swojego potencjału i przeżyć swoje życie tak, jak powinniśmy je przeżyć: w szczęściu i wolności.

Kiedy jesteśmy świadomi naszego rozwoju i pozostajemy w harmonii z 7 Mocami, nasze życie staje się niesamowitą podróżą pełną Prawdziwej Mocy, Sukcesów, Szczęścia, Obfitości, Zdrowia i Wolności od wszelkich ograniczeń.

Nasze życie może być najlepszą rzeczą, jaka kiedykolwiek nam się przytrafiła. Nasze życie może być piękne.

Pomyśl tylko o tym. Naprawdę się nad tym zastanów...

Czego tak najbardziej wszyscy pragniemy?

Pięknego Życia. Szczęśliwego Życia. Tego właśnie chcemy. Natomiast szczegóły mogą się różnić w zależności od osoby. Niektórzy z nas chcą spokoju i radości. Niektórzy chcą zdrowia, pieniędzy lub sławy albo władzy czy sukcesu lub kogoś, kto by ich kochał. Ale to wszystko jest właśnie tym, co - jak nam się wydaje - sprawi, że nasze życie będzie piękne.

Tak do końca nie chodzi nam w sumie o szczegóły, gdyż to, czego naprawdę chcemy, to być szczęśliwym w życiu.

Czyli mówiąc najprościej - to, czego chcemy, to szczęście.

Czy kiedykolwiek wydawało Ci się, że Twoje życie zmierza donikąd? Czy kiedykolwiek czułeś/-aś zmęczenie lub rozczarowanie dostępnymi dla Ciebie opcjami, nie wiedząc jak uwolnić się od tego uczucia i tych okoliczności?

Jeśli Twoja odpowiedź brzmi „tak", nie jesteś sam/-a.

Wiele ludzi nigdy nie czuło, że tak naprawdę żyją. Wielu ludziom życie wydaje się albo trudne, albo nudne, rozczarowujące i toczące się jakby na „autopilocie".

„Chciałabym być Wyzwoloną Duszą, czyniącą świadome wybory i żyjącą świadomym życiem, zgodnym z moim przeznaczeniem - powiedziałam.

- Świadomych wyborów - wyjaśnił - można dokonywać tylko wtedy, gdy jest się w stanie uzyskać wgląd w mechanizmy Świata Duchowego i zacząć pojmować Świat Materialny z perspektywy Duszy."

– *„Mistrz i Zielonooka Nadzieja"*

Nasze umysły mają tendencję do działania w pewien określony sposób: myślimy w taki sposób, do jakiego jesteśmy przyzwyczajeni. Właściwie nie ma w tym nic złego, jeśli chodzi o przypominanie sobie czy analizowanie rzeczy, kiedy to potrzebna jest logika tego typu. Jednak kiedy chcemy poszerzyć naszą świadomość i żyć życiem, jakiego chcemy, zamiast żyć życiem, jakiego nie chcemy -

musimy wyszkolić swój umysł, by był w stanie kierować się logiką duchową, a nie tylko logiką zmysłów.

„Przestań kontrolować swe wybory za pomocą Umysłu, który nie jest jeszcze w pełni przystosowany do logiki duchowej. Zaufaj wyborom, których dokonała Twoja Dusza, a zaczniesz wkrótce robić je świadomie, zamiast tak jak do tej pory, raz podążać właściwą drogą, a innym razem gubić się w tym wszystkim."

– *„Mistrz i Zielonooka Nadzieja"*

Aby pomóc Ci poszerzyć możliwości Twojego umysłu, chciałabym, żebyś spróbował/-a wybrać się w *Wewnętrzną Podróż* opisaną poniżej. Została ona zaprojektowana tak, by wywrzeć inny skutek niż dostępne nagrania audio (np. medytacja prowadzona), które zwykle stosuje się do takich celów.

Będę Cię prosić o naprzemienne czytanie (postrzeganie zmysłowe) i wewnętrzne doświadczanie (postrzeganie duchowe). Jest to znakomity sposób, by naprowadzić umysł na rozpoczęcie korzystania z jego zwykle „uśpionych" części, by wyostrzyć Twoją intuicję i włączyć Twoją wizję „trzeciego oka" (więcej na ten temat w dalszej części książki).

Podczas *Wewnętrznej Podróży* opisanej poniżej spróbujemy doświadczyć razem uczucia szczęścia w czystej formie.

Właśnie tak. Nie uczucia ekscytacji, satysfakcji czy radości, które są tylko emocjami, jakie odczuwamy w konkretnych momentach. Zajmijmy się poznaniem szczęścia, które jest, bo jest. Bez jakichkolwiek warunków, obecne tylko po to, byśmy poprzez jego pryzmat doświadczali siebie jako świadomości, którą jesteśmy.

Odbędziemy tę podróż w dwóch częściach. Pierwsza ma pomóc Ci dostroić się do nowego sposobu postrzegania. W drugiej części spróbujemy poszukać uczucia czystego szczęścia - tę część przedstawię Ci pod koniec rozdziału.

Wewnętrzna Podróż

DOŚWIADCZANIE POZA ZMYSŁAMI
CZĘŚĆ 1:
ODKRYWANIE SWOJEGO „TRZECIEGO OKA"

Znajdź teraz wygodną pozycję, w której będziesz dalej czytać w całkowitym odprężeniu, bez żadnych napięć w jakiejkolwiek części ciała.

Zrób kilka głębokich oddechów zanim przeczytasz dalszą część.

Doskonale.

Czytaj poniższy tekst tej części *Wewnętrznej Podróży* tak długo lub tyle razy, ile będziesz chcieć lub potrzebować.

Pamiętaj, że nie ma pośpiechu. Dojdziesz tam, gdzie masz dojść, w najodpowiedniejszym dla siebie czasie.

Doświadczanie nie polega na przyśpieszaniu rzeczy. Doświadczanie polega na doświadczaniu.

Oddychaj powoli i głęboko.

Oto co masz zrobić dalej.

KROK 1:

Za chwilę poproszę Cię o zamknięcie oczu, a następnie o otworzenie ich z powrotem, by czytać dalej, kiedy już wyobrazisz sobie taką sytuację:

Jesteś na dnie swojego „trzeciego oka". Dla tych, którzy nie są pewni, czym jest „trzecie oko": skup się na punkcie znajdującym się nieco powyżej środka linii łączącej Twoje brwi. Znajduje się tam ośrodek energii (więcej o ośrodkach energii w dalszej części książki) - nazywamy go „trzecim okiem". Wyobraź sobie, że w jakiś niewyjaśniony sposób - bezpiecznie i przyjemnie - znajdujesz się na dnie swojego „trzeciego oka". Nie zastanawiaj się, czy to możliwe czy nie. Nie o to chodzi. Po prostu zaufaj swojemu własnemu procesowi i wyobraź sobie to, co opisałam powyżej.

UWAGA: Jeżeli jesteś akurat osobą, której wyobrażanie sobie obrazów nie przychodzi z łatwością, wystarczy, że będziesz próbować poczuć to, co się dzieje, zamiast próbować to sobie wyobrazić.

Zamknij oczy i otwórz je ponownie, kiedy ukończysz zadanie.

Zamknij oczy TERAZ.

***

Dobrze. Otworzyłeś/-aś teraz oczy.

Oddychaj powoli i głęboko.

Oto, co masz zrobić dalej:

KROK 2:

Za chwilę zamkniesz oczy, by wyobrazić sobie sytuację opisaną poniżej, po czym otworzysz oczy, by kontynuować czytanie:

A: Wyobrazisz sobie, że nadal jesteś na dnie swojego „trzeciego oka" i otaczają Cię kolorowe chmury energii, które nieustannie się poruszają i wirują.

B: Z zamkniętymi oczami, skieruj gałki oczne w lewo, tak daleko, jak będziesz w stanie (zrób to naprawdę, nie tylko w wyobraźni).

C: Wyobrazisz sobie, że widzisz tam tunel, po lewej stronie. Pójdziesz naprzód bez wahania i wejdziesz do tunelu. Jego ściany są zrobione z ciemnoniebieskiej energii, wyglądającej jak wirujące ciemnoniebieskie chmury.

D: Idź dalej, aż dojdziesz do końca tunelu, a wtedy otwórz oczy, by kontynuować czytanie.

Jeśli potrzebujesz ponownie przeczytać powyższe, by lepiej zapamiętać, co zrobić w tym kroku - przeczytaj to tyle razy, ile chcesz. Nie ma pośpiechu.

Nikt nie ocenia Cię za to, jak dobrze czy jak szybko przejdziesz te kroki.

Jeśli jesteś gotowy/-a, zamknij oczy TERAZ.

***

Świetnie Ci poszło. Otworzyłeś/-aś oczy. Jeśli do tego momentu Ci się udało, możesz kontynuować tę *Wewnętrzną Podróż*. Jeśli nie - albo spróbuj ponownie później albo na razie zrezygnuj z prób. Możesz przeczytać kroki 3 i 4, ale nie idź dalej. Odłóż tę książkę i wróć do niej później dzisiaj, jutro lub wtedy, kiedy będzie na to najlepszy czas, by podjąć kolejną próbę.

To ważne, by ukończyć tę Wewnętrzną Podróż przed dalszym czytaniem tej książki.

To ważne, by ćwiczyć doświadczanie i próbowanie nowych sposobów postrzegania, zamiast zdobywania wiedzy wyłącznie za pomocą umysłu.

Daj sobie na to czas. Daj sobie tyle czasu, ile tylko chcesz.

Robisz postępy w swoim własnym tempie. Właśnie to tempo jest dla Ciebie odpowiednie.

Oddychaj powoli i głęboko. Pamiętaj, by nadal znajdować się w wygodnej pozycji.

KROK 3:

Jeśli jesteś na to gotowy/-a, ponownie zamkniesz oczy i wyobrazisz sobie następującą sytuację:

A: Opuszczasz ciemnoniebieski tunel. Jest to bardzo przyjemne uczucie - tak, jakby zostać otulonym miłością.

B: Następnie wyobrazisz sobie siebie na zewnątrz tunelu.

C: Wyobrazisz sobie, że znajdujesz się teraz na „skraju" Wszechświata i że wokół Ciebie znajdują się wszędzie kolorowe, bezkształtne chmury energii.

Jeśli jesteś gotowy/-a, zamknij oczy TERAZ.

***

Bardzo dobrze. Otworzyłeś/-aś oczy. Kontynuujmy.

Oddychaj. Powoli i głęboko.

Pozostań w wygodnej pozycji. Wszystko jest dobrze.

Krok 4:

A: Zamkniesz teraz oczy i wyobrazisz sobie, że rozwinęła się u Ciebie specjalna wizja, która pozwala Ci nie tylko widzieć poprzez te kolorowe chmury, ale także pozwala Ci widzieć wiele miejsc na raz.

B: Z zamkniętymi oczami, skieruj swoje gałki oczne w lewo, a palcem wskazującym lewej ręki dotknij miejsca nieco powyżej punktu na środku linii łączącej brwi - miejsca, w którym na Twoim czole znajduje się Twoje „trzecie oko" (zrób to naprawdę, nie tylko w wyobraźni).

C: Wyobrazisz sobie, że ten gest wywołał małą iskrę, która zabłysła w Twoim sercu. A następnie opuścisz rękę.

D: Wyobraź sobie, że ta mała iskra sprawia, że rzeczy wokół Ciebie stają się jaśniejsze; umożliwia Ci też widzenie tego, czego wcześniej nie mogłeś/-aś zobaczyć.

Jeśli jesteś gotowy/-a, zamknij oczy TERAZ.

***

Otworzyłeś/-aś oczy. Ukończyłeś/-aś pierwszą część swojej *Wewnętrznej Podróży*.

Jakie to było uczucie? Czy spowodowało to lekką dezorientację, kiedy przechodziło się od czytania do wewnętrznego doświadczania? Czy wywołało to u Ciebie lekki dyskomfort? A może nawet było to trudne? Czy Twój umysł próbował kontrolować Twoje wewnętrzne doświadczanie i dawać Ci jakieś wyjaśnienia lub analogie do czegoś już wcześniej doświadczonego lub poznanego?

Nasz umysł ma tendencję do działania w pewien określony sposób: jego rozumowanie opiera się na tym, co już zna; na stosowaniu starych wzorców do nowych sytuacji.

Z drugiej strony, kiedy robimy tzw. „medytację prowadzoną” - słuchając nagrania audio z zamkniętymi oczami - nasz umysł wykazuje tendencję do pasywnego podążania za instrukcjami, nie ucząc się tak naprawdę nowych sposobów funkcjonowania. Dlatego też medytacje prowadzone najlepsze są do celów relaksacji i przeprogramowywania podświadomości, ale trzeba przy tym pamiętać, że nie pozwalają naszemu świadomemu umysłowi uczyć się nowych sposobów postrzegania, i nie oczekiwać, że nam w tym pomogą.

Przejdziemy do drugiej części naszej *Wewnętrznej Podróży* później, a teraz pomówmy więcej o świadomości.

Jeszcze nie tak dawno temu środowisko medyczne określało świadomość jako coś powiązanego ze zmysłami. Nawet używa się nadal powiązanego sformułowania, kiedy ktoś zemdleje: mówimy wtedy o „utracie świadomości".

Istnieje konkretna różnica pomiędzy świadomością naszych zmysłów, a świadomością, którą jesteśmy - poza naszymi zmysłami, nieograniczoną do naszego ciała i z potencjałem wiecznego istnienia.

Czy naprawdę możemy być nieskończeni? A jeśli tak - co to dla nas oznacza i w jaki sposób uświadomienie sobie tego zmieniłoby nasze życie?

Czy nadal mielibyśmy takie same priorytety? Jak żylibyśmy, wiedząc, że nasze życie jest iluzją i tak naprawdę nie istnieje? Czy nadal byśmy się nim cieszyli?

Powiedziałabym: a dlaczego nie? Iluzja czy nie, nasze życie jest warte radości, bez względu na wszystko. W końcu poznajemy siebie przez doświadczenia naszego życia.

Nasze życie jest cenne. I musimy w pełni zrozumieć jego wartość, jeśli chcemy się nim w pełni cieszyć.

Ze wszystkich nieskończonych możliwości doświadczania siebie jako świadomości wybraliśmy, by być akurat tu i teraz, w tym właśnie życiu. W tym określonym, przemijającym momencie.

Ponieważ nauka zajmowała się tematem Nieskończoności co najmniej przez ostatnie stulecie, można znaleźć różne artykuły naukowe i książki na temat istnienia inteligencji przed materią, różnych teorii na temat struktury wszechświata, równoległych wszechświatów, przestrzeni i czasu, świadomości i tego, co dzieje się po śmierci.

Dobrze jest pamiętać, że idea nieskończoności istniała w ludzkim umyśle nawet przed tym, jak współczesna nauka zaczęła prowadzić badania na temat początków wszechświata i świadomości.

<u>Spójrzmy pokrótce na przykłady tego, co niektóre z wielu systemów wierzeń mówiły o nieskończoności od tysięcy lat:</u>

- Niektóre szkoły filozofii buddyjskiej opowiadają się za trwającym nieskończenie (wprzód i wstecz) stanem istnienia, bez punktu centralnego ani żadnego bytu będącego jego podporą.

- Kosmologia Hinduizmu jest nie-dualistyczna. Wszystko, co jest, to Brahman. Brahman to wieczne Teraz, a w wieczności nie ma przed lub po, gdyż wszystko jest wszędzie, zawsze.

- W Islamie istnieją zapisy w Koranie, które przypisują Bogu Wieczność. Dokładnie tak samo, jak niepojęta jest największa liczba, Bóg także nie może być opisany przy użyciu ludzkiej terminologii lub określony jednym prostym słowem.

- Judaizm wierzy w jednego Boga, który jest wieczny. Bóg wykracza „poza" wszystko, nawet poza samą koncepcję „poza".

- Religia Chrześcijańska wierzy w wiecznego Boga i, co ciekawe, definiuje Nieskończoność w Biblii: Mateusz, wersy 5:17 i 5:18: „Nie sądźcie, że przyszedłem znieść Prawo albo Proroków. Nie przyszedłem znieść, ale wypełnić. Zaprawdę, powiadam wam: Dopóki niebo i ziemia nie przeminą i dopóki się wszystko nie wypełni, ani jedna jota, ani jedna kreska w Prawie nie zmieni się."

Jak widać, podczas gdy nauka mówi o wszystkim jako o części jednego ogromnego pola Energii, wiele systemów wierzeń mówi o Bogu będącym wszystkim, co jest, i zawierającym w sobie wszystko.

Nieważne, co najbardziej rezonuje z naszą własną wewnętrzną Prawdą – czy to nauka czy system wierzeń, pewne rzeczy pozostają niezmienne:

Wszyscy jesteśmy częścią Jednej Całości i wszyscy jesteśmy połączeni.

Każdy z nas, będąc „Iskrą" Jednej Całości (jednej świadomości), doświadcza siebie jako indywidualny byt, ale równocześnie jest w stanie dostroić się do mądrości tej świadomości, która jest Jedną Całością.

Będąc częścią Jednej Całości, mamy dostęp do zbiorowej mądrości, a także do doświadczeń każdej pojedynczej „Iskry".

Na poziomie świadomości, poza zmysłami, mamy dostęp do każdej informacji, jaka istnieje.

Bez względu na to, czy ta informacja powstała w tym, co uważamy za przeszłość, w tym, co uważamy za teraźniejszość, czy też tym, co uważamy za przyszłość - nie ma to znaczenia.

W obszarze świadomości Jednej Całości czas nas nie wiąże, gdyż na tym poziomie wszystko jest „bezczasowe".

Oczywiście, aby dostroić się do informacji, które są dostępne dla nas na tym poziomie, musimy poszerzyć naszą indywidualną świadomość tak, by nauczyć się, jak uzyskać dostęp do takiej wiedzy.

Czy możemy to zrobić? Tak.

„Co dzieje się potem, jak już mój Umysł nauczy się operować w Świecie Duchowym, używając „logiki duchowej"? - zapytałam.

- Wtedy może on funkcjonować w sposób podobny do Duszy - powiedział. - Może dokonywać wyborów doświadczeń dla Duszy, za pomocą „logiki duchowej" zamiast logiki zmysłów."

– „Mistrz i Zielonooka Nadzieja"

Ważne jest dla nas, by poszerzać naszą świadomość, gdyż jest to naturalny krok w naszej Ewolucji.

Nasze istnienie, jako świadomości, którą jesteśmy, zależy od naszej Ewolucji.

Zaś proces naszej Ewolucji zależy od bycia w harmonii z 7 Mocami, które mają na nas wpływ w każdym momencie, bez względu na to, czy jesteśmy tego świadomi czy nie.

OTO JAK DZIAŁA TEN WIELKI PROJEKT:

Jako Jedna Całość (jedna świadomość), którą jesteśmy, kontynuujemy naszą ewolucję.

Jako indywidualne „Iskry" Jednej Całości – kontynuujemy wybieranie, czy chcemy ewoluować czy nie.

Zawsze mieliśmy taki wybór. I - w większości - ewoluowaliśmy. Nie daj się zwieść tym, co widzisz na świecie: cierpieniu, niesprawiedliwości, egoizmowi, okrucieństwu itp.

Każdy z nas ma wolną wolę i może decydować, czy chce się rozwijać i poszerzać swoją indywidualną świadomość czy nie.

Każdy z nas ma prawo wybierać, czy chce brać udział w naszej wspólnej Ewolucji czy nie.

Zawsze mieliśmy ten wybór i nie możemy nikomu odmówić tego wyboru. Możemy sobie życzyć, żeby ktoś dokonał innego wyboru, ale nie możemy nikogo zmusić do wierzenia w naszą własną prawdę.

Każdy z nas ma prawo do swojego własnego doświadczenia. Każdy z nas jest perfekcyjny i kochany, bez względu na to, jakich wyborów dokonuje.

Zanim przejdziemy do kolejnego rozdziału, ukończmy naszą *Wewnętrzną Podróż*, by pomóc Ci poszerzyć możliwości swojego umysłu.

Wewnętrzna Podróż

DOŚWIADCZANIE POZA ZMYSŁAMI

CZĘŚĆ 2

Ułóż się wygodnie - pozwól swojemu ciału na przyjemny odpoczynek.

Zrób kilka głębokich spokojnych oddechów.

Krok 1:

Za chwilę poproszę Cię o zamknięcie oczu i postępowanie zgodnie z poniższymi instrukcjami:

A: Po zamknięciu oczu, skieruj swoje gałki oczne w lewo – najdalej, jak możesz, a następnie dotknij swojego „trzeciego oka" palcem wskazującym lewej ręki (zrób to naprawdę, nie tylko w wyobraźni).

B: Kiedy poczujesz, że jesteś gotowy/-a, odłóż rękę (zrób to naprawdę, nie tylko w wyobraźni).

C: Wyobraź sobie, że unosząc się gdzieś w przestrzeni, pomiędzy kolorowymi chmurami, zyskałeś/-aś kolejną umiejętność: mając specjalną wizję, będziesz w stanie zobaczyć w przybliżeniu dowolne miejsce na dowolnej planecie lub gwieździe, bez względu na odległość.

Kiedy już wyobrazisz sobie, że już posiadasz tę umiejętność, nie rób nic więcej, tylko po prostu otwórz oczy.

Gotowy/-a? Dobrze. Zamknij oczy TERAZ.

***

Wspaniale. Otworzyłeś/-aś oczy. Za chwilę będziemy kontynuować.

Daj sobie jeszcze chwilę, oddychając głęboko i spokojnie, ciesząc się nową umiejętnością, jaką właśnie zdobyłeś/-aś.

Cieszenie się procesem to bardzo ważny czynnik, który pomaga Ci w rozwoju.

KROK 2:

Ponownie zamkniesz oczy i wyobrazisz sobie następującą sytuację:

A: Wyobrazisz sobie, że patrzysz na planetę Ziemię i - mając specjalną wizję - zaczynasz widzieć wszystko w coraz większym przybliżeniu aż do momentu, w którym dostrzegasz kilkuletnie dziecko, siedzące na schodach domu.

B: Zachowaj ten obraz w umyśle i pozwól, by Twoja wizja pozwoliła Ci zobaczyć w przybliżeniu inne miejsce: widzisz teraz, jak mały ptaszek wylatuje ze swojego gniazda po raz pierwszy w życiu.

C: Zachowaj oba te obrazy w umyśle i skup się na kolejnym przybliżeniu: widzisz teraz jak dwoje nastolatków - chłopak i dziewczyna jadą na rowerach wiejską drogą. Ponownie zachowaj ten obraz w umyśle, dodając go do dwóch poprzednich.

Nie staraj się niczego robić na siłę. Po prostu baw się możliwością wyobrażenia sobie lub poczucia, że to się dzieje. Niech nie będzie to dla Ciebie jakimś wysiłkiem, lecz bardziej przyjemną zabawą.

Kiedy już to zrobisz, otworzysz oczy. Jeśli potrzebujesz przeczytać powyższe instrukcje dla tego kroku jeszcze raz, zrób to. Nieważne, jak długo zajmie Ci ukończenie każdego kroku. Nie ma pośpiechu.

Jeśli jesteś gotowy/-a, zamknij oczy TERAZ.

***

Otworzyłeś/-aś oczy. Jakie to uczucie być w stanie postrzegać tak wiele jednocześnie?

Nie zapominaj o spokojnym oddychaniu. To jeszcze nie koniec tej *podróży*.

Daj sobie chwilę zanim przejdziemy do ostatniego kroku.

Doskonale. Kontynuujmy.

KROK 3:

Zamkniesz oczy i zrobisz co następuje:

A: Po zamknięciu oczu, dotkniesz swojego czoła palcem wskazującym lewej ręki (zrób to naprawdę, nie w wyobraźni).

B: Dotykając swojego „trzeciego oka", przypomnij sobie, że pod koniec pierwszej części tego ćwiczenia, wywołałeś/-aś świetlistą iskrę w swoim sercu. Teraz wyobraź sobie, że ta iskra w Twoim sercu staje się jaśniejsza.

C: Kiedy poczujesz, że jesteś gotowy/-a, odłóż rękę (zrób to naprawdę, nie tylko w wyobraźni).

D: Następnie wyobraź sobie, że w jakiś sposób jesteś teraz w stanie widzieć wszystko i wszystkich na planecie Ziemi jednocześnie. To tak jakbyś miał/-a wiele ekranów w umyśle, które pozwalają Ci obserwować wszystko i wszystkich równocześnie.

F: Oglądając te różnorodne obrazy, zrób głęboki oddech i wyobraź sobie, że iskra w Twoim sercu staje się coraz jaśniejsza i coraz większa, aż osiąga rozmiar Słońca. Nie próbuj racjonalizować, czy to możliwe czy nie. Po prostu to zrób.

G: Wyobraź sobie, że nie tylko możesz widzieć wszystko i wszystkich równocześnie, ale także możesz ich poczuć w Twoim ogromnym sercu. Tak jakby wszystko i wszyscy byli częścią Ciebie. I tak jakbyś Ty był/-a częścią wszystkiego i wszystkich.

Jeśli jesteś gotowy/-a, zamknij oczy TERAZ.

***

Otworzyłeś/-aś oczy.

Wspaniale.

Zrób teraz kilka głębokich oddechów. Pozwól sobie nacieszyć się tym nowym uczuciem.

Pamiętaj, że będąc częścią nieskończonej świadomości, nigdy nie jest się samym. Zawsze jest się połączonym ze wszystkim i wszystkimi.

Podczas tej *Wewnętrznej Podróży* mogliśmy doświadczyć tego, co nazywamy czystym szczęściem. Bez żadnego powodu, bez żadnych zewnętrznych okoliczności, które mogłyby się przyczynić do naszego dobrego samopoczucia.

Doświadczyłeś/aś wewnętrznie siebie w połączeniu ze wszystkim innym. Doświadczyłeś/-aś także przez tę chwilę wewnętrznej radości z powodu połączenia się z Jedną Całością. A jeśli Twój umysł próbował ograniczyć Twoje doświadczenie, byłeś/-aś w stanie przezwyciężyć to ograniczenie.

Kiedy jesteśmy połączeni z Jedną Całością, jesteśmy w stanie doświadczać czystego szczęścia.

UWAGA: Jeśli nie jesteś pewny/-a, czy przeszedłeś/przeszłaś tę *Wewnętrzną Podróż* w taki sposób, w jaki byś chciał/-a, możesz ją powtórzyć - tyle razy, ile chcesz, aby poczuć pełną satysfakcję.

Możesz też, jeśli chcesz, zamknąć oczy ponownie i dalej poznawać to nowe uczucie wewnętrznej radości i połączenia z Jedną Całością tak długo, jak chcesz.

Doświadczanie różni się od zdobywania wiedzy za pomocą umysłu.

Zachowaj to uczycie, nie śpiesz się dzisiaj dalej z czytaniem tej książki. Przyswajanie wiedzy czysto intelektualnie często powoduje, że gubi się ona w hałasie naszego umysłu.

Twoje wewnętrzne doświadczenie pomoże Ci w rozwoju. A kiedy się rozwijasz, jesteś w stanie doświadczać więcej.

Świadomość, którą jesteś, nie ma żadnych ograniczeń - oprócz tych, które decydujesz się na siebie nakładać. Nie ma żadnych ograniczeń co do tego, kim i jak możesz być.

Twoje życie to nie przypadek lub pomyłka.

Twoje życie posiada cel i znaczenie.

Rozdział 2

Spotkanie Z Pierwszą Mocą: Prawem Uniwersalnym

Poprzez dostrojenie się do Pierwszej Mocy – Prawa Uniwersalnego – możemy nauczyć się, jak używać naszych myśli w celu przyciągania/doświadczania w życiu tego, czego chcemy doświadczać

„Powiedziałeś mi, że jest Siedem Mocy, które two-rzą świat. Postanowiłam od razu zabrać się do pracy.
- Pierwsza Moc to Prawo. - On też najwyraźniej nie tracił czasu.
- Prawo? - powtórzyłam - jakie prawo?
- Prawo Uniwersalne - powiedział Mistrz
- Masz na myśli Prawo Karmy? - przerwałam rozczarowana - już o tym słyszałam…
- Nie. Ja tu nie mówię o Prawie Karmy, lecz o Prawie Uniwersalnym, zwanym też Prawem Kosmicznym - odparł.

- A to jest coś innego?
- Tak."

– *„Mistrz i Zielonooka Nadzieja"*

Wszystko, co postrzegamy wokół nas, istnieje w odpowiedzi na nasze myśli. Wszelkie zdarzenia i okoliczności w naszym życiu pojawiają się w odpowiedzi na nasze myśli.

Nasze myśli mogą tworzyć, ale mogą też unicestwiać.

Mogą być aktami miłości lub bronią niszczenia (i samozniszczenia). Kiedy nasze myśli są nieświadome i nieujarzmione, są jak „wypuszczony samopas huragan".

Nasze myśli mogą doprowadzić do realizacji naszych marzeń, ale mogą też zniszczyć wszystko, na czym nam zależy.

Kiedy zapoznajemy się z Pierwszą Mocą, nie tylko stajemy się świadomi mocy naszych myśli, ale także możemy się nauczyć, jak skutecznie je wykorzystywać.

Każda myśl to działanie, a myśli są najpotężniejszymi działaniami ze wszystkich.

Myśli, które mogą spowodować najwięcej szkód w naszym życiu, to często te, których nie jesteśmy świadomi - pochodzące z naszej podświadomości. A jako że nasza podświadomość odpowiada za 90% naszego zachowania, reakcji, emocji i przekonań - wykazujemy tendencję do myślenia na automatycznym pilocie.

Co dzieje się, kiedy nasze negatywne podświadome myśli przeszkadzają nam w tym, co chcemy osiągnąć lub czego chcemy doświadczyć w naszym życiu?

Życiowa niedola. Żyjemy życiem, jakiego nie chcemy, w nieszczęściu i smutku lub w beznadziei i rozczarowaniu.

Wystarczy już złych wieści? Sprawdźmy, jakie są dobre wieści.

Każda z 7 Mocy tworzących i regulujących nasz świat jest unikalna i każda z nich odgrywa konkretną rolę w procesie Tworzenia. Jednocześnie do Tworzenia potrzebna jest współpraca wszystkich Mocy.

Pierwsza Moc - Prawo Uniwersalne pozwala nam wpływać na naszą rzeczywistość.

(Uwaga: W tej książce koncentrujemy się na mechanizmie działania 7 Mocy w świecie materialnym, a nie w świecie duchowym - więc mówimy tutaj o Prawie Uniwersalnym dla Materii).

Poprzez dostrojenie się do Pierwszej Mocy możemy świadomie wpływać na nasze życie.

Zrozumienie i dostrojenie się do Prawa Uniwersalnego daje nam szansę wyzwolenia się z błędnego koła tworzenia i współtworzenia naszej osobistej i globalnej Krainy Cieni.

Tak. Już wystarczy. My, ludzie z planety Ziemia, mamy już dość życia w nieszczęściu, pozbawiania nas naszej mocy i ciągłego rozczarowania naszym życiem i tym, dokąd jako ludzkość zabrnęliśmy.

Żadne zewnętrzne siły nie mogą decydować o tym, jakie życie prowadzimy. To zależy od nas. I nadszedł czas, żeby sięgnąć po to, co nasze: życie, jakiego chcemy, rzeczywistość, jakiej chcemy, oraz wolność i szczęście, jakich chcemy.

„Przeegzaminujmy zatem Prawo, zwane też Prawem Uniwersalnym, czy też Kosmicznym - ciągnął Mistrz. - Jak już wiesz, jest ono Pierwszą Mocą tworzącą Świat Materialny.
- Takie samo Prawo mamy dla Świata Duchowego, prawda? - spytałam.
- Nie, niedokładnie takie - odpowiedział. - Owszem, mamy też Prawo tworzące Świat Duchowy, czyli Ducha - ale to Prawo jest bardziej skomplikowane, niż Prawo tworzące Materię.
- W porządku - powiedziałam. - Niech będzie o Materii. Nauczmy się nad nią panować! - wykrzyknęłam entuzjastycznie."

– *„Mistrz i Zielonooka Nadzieja"*

JAK TWORZYMY I WSPÓŁTWORZYMY NASZĄ MATERIALNĄ RZECZYWISTOŚĆ:

Czy wiesz, że nauka potwierdza to, co mistycy i filozofowie mówili na temat iluzji rzeczywistości od tysięcy lat?

Cała dziedzina fizyki, tej którą znamy, oparta jest na teorii kwantowej, która z kolei stanowi podstawę jednej trzeciej całej światowej gospodarki i jej produktów. Ojcowie mechaniki kwantowej, Niels Bohr i Werner Heisenberg, wspólnie otrzymali nagrodę Nobla za swoją pracę w 1965 roku. Mechanika kwantowa stała się najbardziej precyzyjną teorią fizyki, nie tylko wyjaśniającą wszystko - np. jak świecą gwiazdy i słońce lub dlaczego obiekty wydają się być twardą masą, ale również dała nam wszystko począwszy od chipów komputerowych, poprzez tranzystory, lasery, aż do bomb atomowych.

Dwie podstawowe zasady teorii kwantowej to:

1. Rzeczywistość - jest tworzona przez tzw. Obserwatora.
2. Połączalność - wszelkie rzeczy, które kiedykolwiek w jakikolwiek sposób na siebie oddziaływały są na zawsze połączone, „powiązane".

Co to znaczy?

Oznacza to, że teoria kwantowa jest zgodna z tym, co mówili dawni Mistrzowie, mianowicie, że świat materialny/fizyczny, jaki postrzegamy poprzez nasze zmysły - nie istnieje.

Świat materialny jest tylko Iluzją. To, co widzimy istnieje tylko w naszych, tzw. Obserwatorów, mózgach, a dokładniej w naszych umysłach, które podsumowują doświadczenia naszych zmysłów - dając nam iluzję „rzeczywistości".

Natomiast „połączalność" oznacza, że wszyscy tworzymy i współtworzymy nasz świat nie tylko dla siebie, ale także dla tych, z którymi w jakikolwiek sposób jesteśmy połączeni. Czyli praktycznie z całą przyrodą, wszechświatem i wszystkimi ludźmi na planecie. A to dlatego, że na poziomie energii jesteśmy połączeni ze wszystkim, co istnieje, w taki czy inny sposób.

I tu znowu nauka zgadza się z tym, czego nauczali duchowi Mistrzowie od tysięcy lat: wszyscy jesteśmy częścią Jednej Całości.

Fizycy Peter Higgs i Francois Englert - już w 1964 roku mówili o polu Energii, które nadaje masę obiektom przez nie przechodzącym: od planet i gwiazd po ludzkie ciała.

Innymi słowy: wszystko, co istnieje, jest Energią. W skład Energii wchodzi wszystko, co jest materialne/fizyczne, czyli doświadczane przez nasze zmysły, ORAZ wszystko, co tylko można postrzegać: to jest nasze myśli, emocje, elektrony (tak, nikt nigdy jeszcze nie widział ani nie zważył elektronu).

Wszyscy jesteśmy częścią ogromnego pola Energii, które pozwala nam tworzyć to, co uważamy za naszą rzeczywistość.

Wszystko, co istnieje, czyli Energia, objawia się w postaci fal i wibracji. Oznacza to, że wszystko co istnieje, w swej podstawowej skali - wibruje, czy też drga. Dotyczy to też naszych myśli.

Można to sobie wyobrazić na przykład na podstawie fal radiowych: częstotliwość ich drgań (wibracji) decyduje o ich jakości, zasięgu itd.

Teraz wyobraź sobie, że nasze myśli są jak fale radiowe. Tak jak fale radiowe, nasze myśli są wysyłane, by dotrzeć tam, gdzie są w stanie dotrzeć. A to, gdzie są w stanie dotrzeć, zależy od częstotliwości ich drgań (wibracji).

To właśnie w taki sposób nasze myślenie wpływa na rzeczywistość (a bardziej precyzyjnie na iluzję rzeczywistości), którą tworzymy i współtworzymy, bez względu na to, czy jesteśmy tego świadomi czy nie.

Niedługo technologia zapewni ludziom wszystko, czego potrzebują: drukarki 3D są już dostępne, laboratoria produkujące prawdziwą skórę rozrosną się na laboratoria produkujące prawdziwe jedzenie, pojazdy, domy itp. Pieniądze znikną, nie będąc już potrzebne ani pożądane. Jaka będzie następna waluta na naszej planecie, kiedy pieniądze wyjdą z użycia?

Co się stanie, kiedy każdy będzie miał wszystko, czego będzie chciał, w dowolnej chwili?

Postęp technologiczny wziął górę nad jakimkolwiek innym postępem na tej planecie. Nie przeskoczymy jednym susem z podejścia: „Chcę mieć dużo pieniędzy" na podejście „Zjednoczmy się i bądźmy wszyscy razem szczęśliwi".

Następny etap rozwoju ludzkości jest tuż za rogiem.

Następna waluta zaczyna się wydawać oczywista: Władza. W końcu i tak zawsze chodziło o władzę, a pieniądze były tylko sposobem na jej uzyskanie.

Co to znaczy mieć władzę? To znaczy, że możesz decydować o losie i życiu ludzi oraz planety. Przypomnijmy sobie różne rodzaje iluzorycznej mocy z rozdziału „Czym jest, a czym nie jest Moc". Dotychczas ktoś mógł uzyskać taką Władzę, grożąc ludziom zabraniem im środków do życia, dając im nagrody pieniężne, przekupując ich lub zabijając. Kiedy pieniądze znikną, to także zniknie.

Siła papierka zostanie zastąpiona Realną Siłą, a ludzkość będzie musiała się nauczyć, co ta Realna Siła oznacza.

Pamiętaj: fortuny przychodzą i odchodzą. Całe imperia mogą upaść w ciągu jednej nocy.

Jedyną rzeczą, jaka ma szansę na wieczność i ciągły rozwój, jest Świadomość, którą jesteśmy. I jest tak zarówno według świata nauki, jak i według wielu systemów wierzeń istniejących na naszej planecie.

Jedyną rzeczą, która jest prawdziwa w całej tej iluzji, którą stworzyliśmy i w której żyjemy, jest to, że JESTEŚMY.

Jesteśmy żywi, jesteśmy świadomi siebie i mamy szansę sprawić, by nasze życie było takie, jak chcemy. To od nas zależy, czy będziemy się nim cieszyć.

Mamy moc nad swoimi własnymi myślami. Możemy nauczyć się, jak wykorzystywać je świadomie i precyzyjnie do wpływania na nasze własne życie i współtworzenia rzeczywistości, jakiej chcemy.

Dotychczas stworzono wiele błędnych koncepcji na temat tego, w jaki sposób „manifestujemy" nasze myśli i pragnienia w świecie materialnym. Wiele osób próbowało różnych technik siły umysłu do spełnienia swoich życzeń i doznało rozczarowania: nawet jeśli czasem udało im się spełnić swoje życzenie, było to albo nie to, czego się spodziewali, albo ich sukcesy/osiągnięcia były krótkotrwałe.

Takie same rezultaty możemy zaobserwować w przypadku tych, którzy używają magii (jakiegokolwiek rodzaju). Niektórzy magowie być może mają lepszą wiedzę na temat tego, jak wpływać na niektóre zjawiska w świecie fizycznym i mogą nawet nauczyć się, jak celowo „wchodzić" do świata duchowego za pomocą umysłu, jednak ich materialne „manifestacje" lub ich wpływ na to, co dzieje się w świecie duchowym, są albo krótkotrwałe lub niezbyt skuteczne, albo czasem ich starania obracają się przeciwko nim, powodując takie czy inne szkody. Jest to spowodowane ich fragmentaryczną wiedzą na temat Koła Tworzenia: to znaczy - rozumieją i wiedzą, jak wykorzystywać tylko niektóre elementy Prawa Uniwersalnego i mają ograniczoną wiedzę na temat pozostałych Mocy tworzących świat.

Prawdziwa i trwała „manifestacja" w świecie materialnym ZAWSZE podlega 7 Mocom.

Bez wyjątków. Tak właśnie zaprojektował się Wielki Projekt.

Zaś Pierwsza Moc - Prawo Uniwersalne - bezpośrednio wpływa na rezultaty naszych myśli i naszych podświadomych myśli.

Bez względu na to, jak mocno pracujesz nad „manifestowaniem" swoich pragnień w materialnej rzeczywistości za pomocą swoich myśli - jeżeli nie jesteś w harmonii z Prawem Uniwersalnym, wyniki Twoich starań nie będą trwałe.

Z tej książki nauczysz się wszystkiego, czego potrzebujesz, aby przeżyć swoje życie w harmonii z 7 Mocami. Wiedza ta została nam przekazana 9 tysięcy lat temu. Od tego czasu była modyfikowana i przekształcana przez tych, którzy chcieli ją zagarnąć tylko dla siebie. Możesz nawet rozpoznać pewne elementy Nauk

Nadziei, które „wyciekły" i znalazły się w różnych poglądach filozoficznych, wierzeniach religijnych czy w mitach. Nauki Nadziei są jednak precyzyjne i stanowią kompletną całość.

„Prawa są identyczne dla każdego, obojętnie kim jesteśmy - pomyślałam. To my decydujemy o sobie w jakiejkolwiek sytuacji. Zawsze mamy wybór: możemy stać się przyjaciółmi, wrogami, mordercami, wybawcami lub nieczułymi w stosunku do innych ludzi. Jednakże nie ma żadnych neutralnych ról, które możemy w życiu odgrywać. Obojętnie, co robimy albo myślimy, wszystko bez wyjątku podlega Uniwersalnemu Prawu dla Materii.
- A dodatkowo - dodałam głośno, uśmiechając się - trzeba pamiętać, że łamanie praw Wszechświata i ustanawianie własnych reguł nie jest zalecane tym, którzy nie potrafią się po mistrzowsku posługiwać „paletą barw" rzeczywistości, która nas otacza."

– *„Mistrz i Zielonooka Nadzieja"*

Bez względu na to, co wybieramy, myślimy lub robimy, w jakiejkolwiek sytuacji, wyniki naszych działań można łatwo przewidzieć.

Zarówno nasze uczynki, jak i myśli są działaniami, które wpływają na nasze istnienie w świecie fizycznym.

Wynika to z mechanizmu Pierwszej Mocy - Prawa Uniwersalnego.

Prawo Uniwersalne jest bardzo precyzyjne co do tego, dlaczego, jak i kiedy doświadczamy wyników naszych działań (uczynków i myśli).

Przedstawia dokładnie, jakie rodzaje rezultatów osiągamy, jak one na nas wpływają i jaki rodzaj życia prowadzimy.

Poprzez dostrojenie się do Prawa Uniwersalnego możemy precyzyjnie zaprojektować swoje własne doświadczenie.

8 SKŁADOWYCH PRAW UNIWERSALNYCH, z których składa się Prawo Uniwersalne:

Prawo Przyczyny i Skutku / Przyczyny i Rozwiązania
Prawo Początku, Rozwoju i Przemijania
Prawo Integracji i Ekspansji
Prawo Pozorne
Prawo Reakcji Łańcuchowej
Prawo Skierowane do Siebie
Prawo Matryc i Echa
Prawo Nieskończoności

Kiedy zaczniesz rozumieć skutki swoich działań (myśli i uczynków) zgodnie z 8 Składowymi Prawami Uniwersalnymi - wszystko stanie się proste i logiczne. Twoje życie stanie się lepsze, a Ty będziesz mógł/-a zmieniać je w taki sposób, w jaki chcesz, dla siebie i dla innych.

Czy to może być łatwe?

Tak, może. Jednak zmienianie swojej rzeczywistości według własnych życzeń może nie działać, jeżeli Twoja podświadomość - która, jak wcześniej wspomniałam, rządzi średnio 90% naszych przyzwyczajeń, przekonań, automatycznych reakcji, mechanizmów obronnych i emocji - stanie Ci na drodze. Dlatego też, bardzo ważne jest, by poradzić sobie z negatywnym podświadomym zaprogramowaniem, równocześnie z nauką, jak wyko-rzystywać swoje myśli do tworzenia życia, jakiego chcesz.

To wcale nie jest tak trudne, jak by się zdawało. Wielki Projekt, którego wszyscy jesteśmy częścią, jest logiczny i przejrzysty. Pomaga nam w naszej Ewolucji, pracuje z nami i dla nas, a nie przeciwko nam.

To tylko nasze podświadome lęki ograniczają nam zdolność do wykorzystywania logiki duchowej. Pamiętajmy jednak, że nasz Umysł może funkcjonować w sposób podobny do Duszy, kiedy już „przestawimy" nasze myślenie i pozbędziemy się starego zaprogramowania.

„Wyjaśnił, że podświadomość była rodzajem fali energii. Podobnie jak Energia Kosmiczna, przepływa ona przez wszystkie czakramy a Cienie powstają w miejscu, gdzie energia podświadomości natrafia na źle funkcjonujące czakramy.
Nie przestawałam zadawać pytań. Dlatego też Mistrz zabrał mnie na małą wycieczkę w przestrzeń, gdzie mogłam przypatrzeć się pracy własnego systemu czakramów.
Przemieszczając się w ciemnej przestrzeni jako dwie puchate chmurki, obserwowaliśmy rząd połyskujących dysków, jakby „wirów". Wydawało się, że połączone były ze sobą czymś w rodzaju skręcającego się jak spirala świecącego przewodu.
- Podobnie jak światełka na choinkę - pomyślałam - są one częścią obwodu.
Było to bardzo interesujące uczucie - przyglądać się temu jako obserwator, będąc jednocześnie przedmiotem obserwacji. Podobał

mi się sposób, w jaki wirowały i mieniły się czakramy. Odkryłam, że posiadają dwie podstawowe funkcje: wirować, tworząc w ten sposób fale wibracji, które zostają wysłane na zewnątrz, oraz funkcjonować jak szeroko otwarte wrota, aby mogły przez nie wpływać wszystkie rodzaje fal energii płynącej z Wszechświata i od innych ludzi.

U góry: 7 Chakramów (lub inaczej: 7 Czakr)

- Czyli czakramy są jakby „wytwórcami" energii naszych własnych wibracji oraz „odbiornikami" dla innych wibracji. - powiedziałam zaskoczona. - Dlaczego zaprojektowane są w taki właśnie sposób?
- Aby zapewnić nieustający, wchodzący i wychodzący przepływ energii fal, takich jak świadomość lub podświadomość - zarówno własna, jak i innych, oraz siedem aspektów Nieskończonej Mocy - wyjaśnił Mistrz.
- Siedem Mocy tworzących świat! - zawołałam. - To one właśnie są aspektami Nieskończonej Mocy i mogą być dla nas dostępne, wchodząc poprzez otwarte wrota - siedem czakramów! Och, Ojcze, jakże pięknie jest to skonstruowane!
Rhami-yata uśmiechnął się. - Cieszę się, że tak Ci się to podoba, Hermenethre. Istotnie, to bardzo piękna konstrukcja. Ten stały przepływ do środka i na zewnątrz poprzez czakramy pozwala człowiekowi odczuwać doświadczenia, umożliwia poczucie siebie

samego, własnego życia fizycznego, powiązania z innymi, oraz sensu swojego istnienia.
- Jak to się dokładnie dzieje? - chciałam zapytać, gdyż nie bardzo to pojęłam, lecz właśnie sama mogłam takie zjawisko zaobserwować. Fala wysoko wibrującej energii wpłynęła do mojego czwartego czakramu, zwanego też czakramem serca. Połyskujący czakram natychmiast pojaśniał i od razu poczułam spokojną radość w sercu.
Wtedy zrozumiałam, jak to wszystko działa. Wibracje fal energii, ciągle wnikające do czakramów oraz te które wychodzą z nich na zewnątrz, mają wpływ na nasze Ciało, Umysł, Emocje i Ego. Nasze zmysły „tłumaczą" te wibracje, pozwalając nam odczuwać je jako fizyczne doświadczenia albo jako przeżycia emocjonalne lub intelektualne. To właśnie z powodu systemu czakramów możemy doświadczać siebie jako fizycznie istniejących w Iluzji."

– *„Mistrz i Zielonooka Nadzieja"*

Zanim pójdziemy dalej, proszę wykonaj to, co następuje:

Wewnętrzna Podróż

ODKRYWANIE SWOJEJ „CZAKRY SERCA"

(Czwarty Czakram / Czwarta Czakra: niektórzy ludzie mówią, że jest ona umiejscowiona w okolicy serca)

Znajdź wygodną pozycję i zrób kilka głębokich oddechów. Oddychaj powoli, nie ma potrzeby się spieszyć. Za chwilę poproszę Cię o zamknięcie oczu, a następnie o otworzenie ich z powrotem, by czytać dalej, kiedy już wyobrazisz sobie taką sytuację:

A: Jesteś na dnie swojego „trzeciego oka". Otaczają Cię chmury kolorowej energii, które nieustannie poruszają się i wirują

B: Z zamkniętymi oczami, skierujesz swoje gałki oczne w lewo, tak daleko, jak będziesz w stanie (zrób to naprawdę, nie tylko w wyobraźni) i wyobrazisz sobie, że widzisz tam tunel.

C: Wchodzisz do tego tunelu, bez wahania. Jego ściany tworzy ciemnoniebieska energia, wyglądająca jak wirujące ciemnoniebieskie chmury.

D: Opuszczasz ciemnoniebieski tunel. Jest to bardzo przyjemne uczucie - tak, jakby zostać otulonym miłością. Oddychaj spokojnie i pozwól sobie unosić się w przestrzeni. Jest ciemno, ale czujesz się bezpiecznie i unoszenie się w ten sposób jest bardzo przyjemne.

E: Teraz wyobraź sobie, że z jakiegoś cudownego powodu jesteś w stanie zobaczyć samego/samą siebie. Stajesz się swoim własnym Obserwatorem. To piękne uczucie i kiedy tak na siebie patrzysz, odczuwasz wzbierającą od środka miłość, która rośnie jak fala, wypełniając Cię od stóp do głów.

F: Teraz stajesz się świadomy/-a swoich 7 czakr. Widzisz je jako iskrzące się światła, które obracają się szybko zgodnie z ruchem wskazówek zegara. Wszystkie są połączone pewnego rodzaju spiralnym świecącym „przewodem". Przyglądasz się bliżej i zauważasz, że jedne fale energii wchodzą przez czakry, inne zaś, te generowane przez czakry, są wysyłane na zewnątrz.

Oddychając powoli, pozwól sobie przez chwilę radośnie napawać się tym procesem.

G: Następnie zauważasz energię o wysokiej częstotliwości wibracji, która wchodzi przez Twoją czwartą czakrę („czakrę serca").

Rozpoznajesz, że jest to energia o wysokiej częstotliwości wibracji po jej jasnej poświacie. Kiedy wchodzi ona do Twojej „czakry serca" powoduje, że czakra ta rozświetla się jasnym światłem. Czujesz niemalże rozpływające się szczęście i ciepło w okolicy klatki piersiowej. Czujesz, jak Twoje serce wypełnia się spokojem i radością. Pozwól sobie przez chwilę na kontemplację tego uczucia. Napawaj się tą chwilą i pozwól sobie poczuć moc i piękno swojej nieskazitelnej istoty wewnętrznej.

Przeczytaj powyższe kroki tyle razy, ile chcesz, aby dobrze się z nimi zapoznać. Nie ma potrzeby pośpieszać tego procesu. Wszystko jest dobrze. Następnie zamknij oczy i otwórz je, kiedy ukończysz zadanie.

Zamknij oczy TERAZ.

***

Dobrze. Otworzyłeś/-aś oczy. Możesz teraz odpocząć, kontemplując to doświadczenie, a potem od razu wrócić do czytania, albo - zrobić sobie dłuższą przerwę i czytać dalej później. To zależy od Ciebie: sam/-a najlepiej wyczuwasz swój własny rytm.

Nie przyspieszaj jednak niczego z samej tylko ciekawości. Pozwól, by Twój mózg dostosował się do Twojego nowego sposobu myślenia i daj sobie wystarczająco dużo czasu na przyswojenie nowych informacji.

Ludzie mają tendencję do hamowania swojego rozwoju, kiedy

starają się pochłaniać nową wiedzę czysto intelektualnie. Pozwól jej „wsiąknąć" i zacząć pielęgnować Cię od środka.

***

Teraz, kiedy doświadczyłeś/-aś swojej „czakry serca", możesz lepiej zrozumieć, jak nieustanny przepływ fal energii do środka i na zewnątrz, takich jak świadomość czy podświadomość (zarówno własnych, jak i innych) oraz 7 Mocy, wpływa na Ciebie, Twój organizm i sposób, w jaki funkcjonujesz w całym Wielkim Projekcie.

7 Mocy wpływa na nas poprzez nasze czakry, które są „generatorami" energii dla naszych własnych wibracji, a także „odbiornikami" energii dla innych wibracji.

Energia Pierwszej Mocy - Prawa Uniwersalnego jest dostępna dla nas poprzez pierwszą z naszych czakr, zwaną także czakrą (czakramem): „podstawy" lub „korzenną". Niektórzy ludzie mówią, że jest ona zlokalizowana na samym dole kręgosłupa.

Możemy tworzyć naszą rzeczywistość dokładnie tak, jak chcemy, wyłącznie wtedy, gdy pozwolimy na nieprzerwany przepływ 8 Uniwersalnych Praw Składowych poprzez naszą „czakrę korzenną". W przeciwnym razie wszelkie zakłócenia w tej czakrze będą, zgodnie z charakterem tych zakłóceń, przeszkadzać w naszym tworzeniu lub zakończy się to „manifestowaniem" czegoś, czego nie chcemy, lub zniekształconą wersją tego, czego chcemy, czy też czymś, co będzie przypominać to, co zamierzaliśmy osiągnąć, ale szybko rozpadnie się na naszych oczach. Wszyscy doświadczyliśmy już kiedyś takich sytuacji w naszym życiu w takiej czy innej formie. (Omówimy szczegółowo to, co może nas ograniczać w tworzeniu życia, jakiego chcemy, i jak możemy pozbywać się naszych ograniczeń, przy dalszym omawianiu Prawa Uniwersalnego i innych Mocy).

Niezależnie od tego, jaką chcesz podążać ścieżką w życiu, zaczynaj od odnalezienia swojej wewnętrznej prawdy, zanim zdecydujesz się na odbycie wybranej drogi.

Pamiętaj, że to jak żyjesz, w co wierzysz lub w co nie wierzysz - powinno zawsze stanowić Twój wybór.

„Znajdź swój własny, prawdziwy związek z Bogiem albo za pośrednictwem religii, w której wyrosłeś/-aś, albo czegoś zupełnie nowego, ale takiego, co naprawdę pozwoli Ci się rozwinąć i zbliżyć do Boga. Twój związek z Bogiem musi się zacząć w Twoim sercu, dopiero potem wybierzesz taką drogę, która będzie Ci najbliższa. Moim zdaniem narzucanie człowiekowi jakichkolwiek dróg czy wierzeń już od urodzenia kompletnie mija się z celem, bo bardzo ogranicza i wypacza pojęcie Najwyższej Wibracji oraz mechanizmów Wszechświata. Własną drogę trzeba wybrać samemu."

– *„Mistrz i Zielonooka Nadzieja"*

Wszyscy, będąc częścią Jednej Całości, mamy prawo do korzystania z tego, co nam ofiarowano już na samym początku całego Wielkiego Projektu: mamy prawo do wyboru, w jaki sposób chcemy żyć i odegrać naszą unikalną rolę.

Tak, wszyscy chcemy mieć szczęśliwe, zdrowe i spełnione życie.

I, tak. Wszyscy mamy prawo do szczęścia.

Twój styl życia, Twoja unikalna podróż przez życie, droga, jaką wybierasz, by odegrać swoją unikalną rolę, będąc częścią Jednej Całości - zależy całkowicie od Ciebie.

„Wyjaśnił dalej, że dokonywanie wyborów zgodnie z własnymi preferencjami, nie może być zakorzenione w przeko-naniach podyktowanych wąskimi opiniami. Można przecież wy-brać własną drogę na podstawie swoich preferencji, nie negując przy tym ani nie krytykując słuszności wyborów innych. Czasem można też znaleźć się na innej drodze, różnej od własnych przekonań - i znaleźć na niej cenne doświadczenia, za które będzie się wdzięcznym.
(...) - Kto ma prawo osądzać jakość czy skuteczność różnych filozofii, lub dróg do Boga? - pomyślałam. - Pokora budzi się we mnie jako spontaniczna radość z odkrycia równości wszechrzeczy. Napełnia mnie radością. Ta sama pokora jest w pojęciu mojego kolegi Janusza, którego drogą jest joga - spokojem, przyjęciem tego, co mu jest dane. Ta sama pokora odzywała się w pierwszych chrześcijanach jako akceptacja cierpienia. Przyjmowali je oni jako łaskę od Boga. Pomimo różnych dróg, wszystkie wydają się prowadzić do tego samego.(...) I nagle zrozumiałam... Wszystkie nasze wybory, wszystkie decyzje, które podejmujemy - w ostateczności są dobre! Życie to nie jest błędne koło. Nawet jeśli wydaje nam się, że popełniliśmy błąd - i tak mamy szansę znaleźć się tam, dokąd podświadomie dążymy. A stanie się tak, jeśli zaufamy. Wtedy jak koń z klapkami na czach, zawsze odnajdziemy drogę, nawet jeśli zrobimy wiele zaskakujących

objazdów. Nic i tak nie jest przecież stałe. Życie to ciągłe zmiany. Wszystko się zmienia, za naszą zgodą lub bez niej. I to właściwie jest prawdziwym błogosławieństwem."

– *„Mistrz i Zielonooka Nadzieja"*

Poprzez dostrojenie się do Pierwszej Mocy - Prawa Uniwersalnego - możemy nauczyć się, jak używać naszych myśli w celu przyciągania/doświadczania w życiu tego, czego chcemy doświadczać.

Twoje życie to Twoja własna podróż. Jej odległość jest mierzona pięknem Twego Serca.

* Używam tu słowa „Serce" w celu określenia esencji tego, kim jesteś, Twojej „prawdziwej istoty wewnętrznej". Tej części Ciebie, gdzie Twoja własna, piękna prawda pozbawiona jest jakichkolwiek uwarunkowań i lęków.

Jeżeli nie podążamy za prawdą własnego Serca, jeśli pomijamy to, kim jesteśmy i postępujemy według schematów narzuconych nam przez standardy społeczeństwa lub kogokolwiek, kto stał się autorytetem w naszym życiu - doprowadzamy się do stanu braku szczęścia i nie żyjemy według tego, w co głęboko wierzymy lub czego głęboko pragniemy. Wcześniej czy później zaczynamy żałować tego, czego nie zrobiliśmy, czego nie spróbowaliśmy, o co nie walczyliśmy, aby w pełni spełnić swoje przeznaczenie - prawdziwe powołanie naszego Serca.

Wszystko czego potrzebujesz to poznać swoją własną wartość. Jesteś cennym, cudownym i niepowtarzalnym człowiekiem. Nie ma potrzeby tkwić w ciągu zdarzeń, które już Cię nie satysfakcjonują i nie dają Ci możliwości dalszego rozwoju.

Masz wybór. I wcale nie musi to być ciężką pracą, by zmienić to, co chcesz zmienić.

W kolejnych trzech rozdziałach szczegółowo przyjrzymy się mechanizmom działania 8 Uniwersalnych Praw Składowych.

Rozdział 3

8 Składowych Praw Uniwersalnych

Część Pierwsza:

Prawo Przyczyny i Skutku
Prawo Początku, Rozwoju i Przemijania
Prawo Integracji i Ekspansji

„Prawo Uniwersalne dla Materii - kontynuował Mistrz - składa się z ośmiu praw składowych. Są one komponentami Prawa. A cyfrą reprezentującą Prawo w naszej Świątyni jest Osiem.

Narysowałam palcem niewidzialną ósemkę na podłodze. Nie mogłam oprzeć się wrażeniu, że jest podobna do symbolu nieskończoności:

Zastanawiałam się, czy był to czysty przypadek.
- Pierwsze prawo składowe - mówił Rhami-yata - to Prawo Przyczyny i Skutku. Możesz też nazywać je Prawem Przyczyny i Reakcji albo Prawem Przyczyny i Rozwiązania.
- Czy to jest to samo, co prawo Karmy, Ojcze? - spojrzałam na niego ze zdziwieniem.
- Niektórzy istotnie używają takiej nazwy - potwierdził.
- Aha - powiedziałam - tak więc prawo Karmy albo Prawo Przyczyny i Skutku jest pierwszą częścią składową Prawa Uniwersalnego. Ciekawe! A to oznacza, że nic nie może pozostać bez konsekwencji, tak? Żaden czyn ani żadna myśl. - Przypomniałam sobie to, co słyszałam o Prawie Karmy od Janusza.
- To prawda - zgodził się mój nauczyciel. - Ponadto każdy skutek, który możesz też nazwać reakcją albo rozwiązaniem, powoduje następny skutek. I tak dalej.
- Ależ to nie jest fair, Ojcze! - Popatrzył na mnie z widocznym zdziwieniem. - Skutki wszystkich naszych poprzednich czynów będą się zatem wlekły za nami jak jakiś ogon - ciągnęłam. - Czyż nie wolno nam się mylić? Popełniać błędów? Albo zmieniać zdanie? A co się stanie, jeśli zrobiliśmy coś nieumyślnie?
Rhami-yata pokiwał głową. - Nie jest tak źle, jak myślisz. Ale wrócimy do tego później. Musisz najpierw dowiedzieć się więcej o prawach składowych prawa Uniwersalnego, aby zrozumieć całą strukturę, dlaczego to wszystko jest zaprojektowane w ten sposób.

Powiedział mi, że prawa składowe Prawa Uniwersalnego dla Materii były w większości oparte na zasadzie cykli. I że jeśli będę o tym pamiętać, łatwiej mi będzie je zrozumieć."

– *„Mistrz i Zielonooka Nadzieja"*

Pierwsze Składowe Prawo Uniwersalne:

PRAWO PRZYCZYNY I SKUTKU

(PRZYCZYNY I ROZWIĄZANIA)

Nauka (matematyka, fizyka, chemia, biologia) uczy nas, że każde działanie przynosi jakiś skutek.

Tej samej zasady - zasady „Przyczyny i Skutku" - naucza każda filozofia i religia.

Mamy tendencję, by wierzyć, że działanie oznacza wyłącznie czyn fizyczny.

Jednak według pierwszego z 8 Składowych Praw Uniwersalnych - każda pojedyncza myśl przynosi określony skutek i jest traktowana jak działanie. Bez wyjątków.

Ważne jest, by uzmysłowić sobie, że kiedy stajemy w obliczu przytłaczających zadań lub sytuacji stresowych, mamy tendencję do utrzymywania negatywnych wzorców myślenia. A wszystkie nasze negatywne myśli wpływają na naszą rzeczywistość w ten sam sposób, co negatywne czyny.

Aby prowadzić szczęśliwe i spełnione życie - należy wiedzieć, jak pozostać uważnym i praktykować uważność.

I to wcale nie musi być trudne.

Kiedy stoisz w obliczu stresujących, zagrażających lub denerwujących sytuacji, nie daj się ponieść swoim emocjom: zamiast obsesyjnego myślenia o tym, co może lub nie może się wydarzyć - po prostu wsłuchaj się w swoje Serce (esencję tego, kim jesteś, opisywanej także tutaj jako nasza „prawdziwa istota wewnętrzna”).

Wszelkie lęki, wątpliwości i negatywność mieszkają poza Twoim Sercem, i mogą z łatwością zajmować Twój Umysł.

Dobra wiadomość jest taka, że wzorce myślowe można zmienić.

Zacznij od małych kroczków: dzień po dniu. Za każdym razem, kiedy przyjdzie Ci do głowy negatywna myśl, powiedz jej „Stop!” - tyle razy, ile potrzebujesz. Następnie powiedz sobie: „To tylko myśl, a myśli można zmienić. Mogę mieć takie myśli, jakie wybiorę. Wybieram myśli wolne od lęków i negatywności.” A następnie pomyśl o czymś naprawdę miłym/przyjemnym. Powoli nasuczysz się zastępować negatywne myśli przyjemnymi myślami.

Jednak aby w pełni uwolnić się od negatywności, musisz także poszukać narzędzi do przeprogramowania swojej podświadomości.

Prawdziwe pytanie brzmi:

Jak myśleć pozytywnie bez przewagi naszej negatywnie zaprogramowanej podświadomości nad naszymi pozytywnymi myślami?

<u>Oto jak można to zrobić:</u>

Kiedy jesteś przyzwyczajony/-a do negatywnego myślenia, musisz pamiętać, że gdy afirmujesz coś, co stoi w sprzeczności z tym, co podświadomie myślisz o sobie - Twoja podświadomość odrzuci wszystko, co postrzega jako nonsens.

Na przykład odrzuci stwierdzenie w stylu „Mam milion dolarów na swoim koncie bankowym", skoro nie masz wystarczająco pieniędzy, żeby zapłacić swoje rachunki, bo stwierdzenie to nie zgadza się z tym, co wie Twoja podświadomość.

Dlatego pozytywne stwierdzenia takie jak „Jestem zdrowy/-a", kiedy jesteś chory/-a lub „Jestem bogaty/-a", kiedy ledwo co starcza Ci na opłacenie rachunków, są de facto nieskuteczne.

To, co afirmujesz, musi być zgodne z Twoją wizją siebie, Twoją wizją świata i wizją Twojego Serca.

Kiedy praktykujemy pozytywne stwierdzenia, takie jak afirmacje, najlepiej praktykować je krok po kroku.

Zacznij od zmiany swoich przekonań na swój własny temat.

Ważne jest, by pamiętać, że każda ludzka istota na tej planecie, jak i każda roślina, każde zwierzę, każda bez wyjątku żywa istota - jest absolutnie unikalna.

Ważne jest, by zdać sobie sprawę z własnej unikalności i uznać ją, a także zdać sobie sprawę z faktu, że **masz prawo do szczęśliwego życia** i również uznać ten fakt. Możesz decydować o swoim własnym losie i wnieść wkład w życie innych.

Możesz zacząć zmieniać swoje wzorce myślowe, mówiąc na przykład:

„Wiem już, że życie może mi przynieść wszystko, co dobre, jestem gotowy/-a na coraz lepsze dni."

Kiedy doświadczasz trudnej, bolesnej lub dramatycznej sytuacji, nie powinieneś/powinnaś przekonywać siebie, że wszystko jest kolorowe i idealne, bo Twoja podświadomość to wyśmieje i odrzuci takie myślenie.

Ale możesz powiedzieć to, co jest prawdą, w sposób, który będzie pomocny w Twojej sytuacji.

Na przykład kiedy jesteś chory/-a, możesz powiedzieć:

„Są chwile, kiedy czuję się dobrze i czekam na więcej takich chwil". A następnie: „Czuję się coraz lepiej. Wierzę, że wyzdrowieję." A potem kolejne stwierdzenie: „Jestem szczęśliwy/-a, obserwując swoje stopniowe zdrowienie."

To samo z sukcesem:

Nie możesz zaczynać od powtarzania od razu: „Jestem człowiekiem sukcesu", kiedy Twoja podświadomość wie, że jest inaczej. Odrzuci taką myśl natychmiast.

Lepiej zacznij od stwierdzenia takiego jak:

„Mogę zdobywać więcej przydatnych umiejętności. Wierzę, że mogę znaleźć pracę moich marzeń i być docenianym/-ą."

I tak dalej. Oczywiście nie możesz tylko powtarzać takich stwierdzeń i nic nie robić ze swoją sytuacją. Powinieneś/-aś naprawdę popracować nad zdobywaniem dodatkowych umiejętności i oczywiście równocześnie z rozwojem zawodowym, kontynuować rozwijanie swojego pozytywnego myślenia.

Praktykowanie pozytywnego myślenia spowoduje stopniową transformację Twoich wewnętrznych przekonań, zastępując Twoje podświadome negatywne zaprogramowanie zaprogramowaniem pozytywnym i korzystnym dla Ciebie.

W mojej książce „365 (+1) Afirmacji Pięknego Życia" pokazuję czytelnikom, jak to zrobić i przekazuję im łatwy program, prowadzący ich krok po kroku ku poprawie dowolnej sytuacji życiowej.

Pamiętaj także, że kiedy jesteśmy w stanie głębokiej relaksacji (np. w medytacji), nasza podświadomość przeprogramowuje się łatwiej. Dlatego też nagrałam kilka MP3, których można słuchać w stanie głębokiej relaksacji, podczas gdy ja prowadzę słuchaczy przez program przeprogramowywania ich podświadomości.

Te czy inne podobne narzędzia są bardzo skuteczne i możesz znaleźć to, co będzie odpowiadać Twoim preferencjom i potrzebom.

Kiedy przestawisz się na nowe pozytywne myślenie, zaczniesz produkować inne substancje chemiczne związane z nowymi pozytywnymi emocjami i w Twoim mózgu powstaną nowe ścieżki neuronalne. Im częściej będziesz powtarzać te pozytywne myśli - tym silniejsze staną się nowe ścieżki neuronalne. (Pomyśl np. o nowym skrócie przez łąkę. Im częściej korzystasz z tej nowej ścieżki, tym głębsza i wygodniejsza się staje.)

Aby ten proces był skuteczny, potrzebujesz około 6-8 tygodni stałego codziennego powtarzania.

To właśnie czas potrzebny na wykształcenie nowych ścieżek neuronalnych i zanik starych. Jednak aby w pełni zmienić swój styl życia i całkowicie uwolnić się od negatywnego myślenia, potrzebujesz co najmniej 6 miesięcy - po takim czasie następuje utrwalenie ścieżek neuronalnych.

Pozytywne myślenie, tak jak jakiekolwiek inne myślenie, jest po prostu wynikiem praktyki.

Na początku musisz stać się świadomym/-ą tego, jak i kiedy myśleć pozytywnie, potem stanie się to Twoim nawykiem, a następnie Twój nawyk przekształci się w styl życia.

Raz jeszcze - najlepszym sposobem na to, by upewnić się, że jesteś w harmonii z Prawem Przyczyny i Skutku, jest zawsze zaglądać w głąb własnego Serca.

Pozwól swojemu Sercu przemówić - jego wizja jest większa niż Twoja wizja siebie i świata.

Pamiętaj, że Prawo Przyczyny i Skutku działa bez żadnych wyjątków: jeśli naprawdę zdecydujesz się zmienić swoje wzorce myślowe - tak właśnie będzie.

Wszyscy jesteśmy zdolni do życia pięknem naszych Serc. Czemu więc nie nauczyć się być w harmonii z Pierwszą Mocą - Prawem Uniwersalnym, aby poprawić swoje życie i życie tych wokół nas.

Wewnętrzna Podróż

ODYCHANIE POPRZEZ „CZAKRĘ SERCA"

Ułóż się w wygodnej pozycji. Zrób teraz kilka głębokich oddechów. Zrób je powoli, nie ma pośpiechu.

Odbędziemy tę Wewnętrzną Podróż w dwóch częściach.

Krok 1:

Za chwilę poproszę Cię o zamknięcie oczu, a następnie o otworzenie ich z powrotem, by czytać dalej, kiedy już wyobrazisz sobie taką sytuację:

A: Siedzisz na plaży, z zamkniętymi oczami, zwrócony/-a w stronę pięknego szmaragdowego oceanu. Czujesz przyjemny łagodny powiew, obejmujący całe Twoje Ciało: nogi, uda, brzuch, klatkę piersiową, ręce i szyję, twarz i całą głowę.

B: Zauważasz, że łagodna bryza przychodzi i odchodzi wraz z ruchem fal. To bardzo przyjemne uczucie być częścią takiego harmonijnego i kojącego procesu.

C: Następnie czujesz jak Twój własny oddech staje się częścią tego spokojnego rytmu.

WDECH - bryza przychodzi i obejmuje Cię łagodnie .

WYDECH - bryza powraca do oceanu.

Oddychaj spokojnie i ciesz się tą przyjemną bryzą.

Przeczytaj powyższe kroki tyle razy, ile chcesz. Nie spiesz się. Wszystko jest dobrze. Następnie zamknij oczy i otwórz je, kiedy poczujesz, że już czas, by to zrobić.

Zamknij oczy TERAZ.

***

Dobrze. Otworzyłeś/-aś oczy. Odbędziemy teraz następną część tej *Wewnętrznej Podróży*.

Krok 2:

Wyobraź sobie, że ta kojąca, pełna Miłości bryza przenosi całe Twoje Ciało naprzemiennie w stan istnienia i nieistnienia.

Pełna Miłości bryza wpływa z łatwością poprzez Twoją „czakrę serca":

WDECH - bryza wpływa poprzez Twoją „czakrę serca", przenosząc Twoje Ciało w stan istnienia.

WYDECH - bryza wypływa z Twojej „czakry serca" i Twoje Ciało rozmywa się, stając się jednością z oceanem.

Oddychaj i napawaj się Miłością, jaką odczuwasz wewnątrz.

Przeczytaj powyższe kroki tyle razy, ile chcesz. Nie spiesz się. Następnie zamknij oczy i otwórz je ponownie, kiedy ukończysz zadanie.

Zamknij oczy TERAZ.

***

Dobrze. Otworzyłeś/-aś oczy. Możesz teraz odpocząć, kontemplując swoje doświadczenie i wrócić do tych stron później lub kontynuować czytanie od razu. To zależy od Ciebie: sam/-a znasz najlepiej swój własny rytm.

A teraz znasz także prawdziwy rytm swojego Serca.

Jeśli czujesz, że chciałbyś/-abyś powtórzyć powyższy proces z jakiegokolwiek powodu - zrób to. Możesz także włączyć tę *Wewnętrzną Podróż* do swojej codziennej rutyny.

Oddychanie przez „czakrę serca" pomaga Ci stać się świadomym tego, że nawet żyjąc w Iluzji, będąc częścią Koła Tworzenia nie tylko możesz doświadczyć procesu tworzenia i energii czystej Miłości, ale możesz też tworzyć swoje własne doświadczenie.

„Tak - powiedział Mistrz. - Cykliczne Koło Tworzenia jest procesem transcendentalnym, przekraczaniem granic Materii i Ducha.
Szybko spojrzałam na niego, lecz przygryzłam wargę, by nie zamęczyć go tysiącem pytań. Mój proces samoleczenia głęboko wpłynął na moją świadomość i poczucie szczęścia, jednak mój odwieczny głód przygody oraz nadmierna ciekawość pozostały takie same.
- Czy możesz pokazać mi, Ojcze, jak się to odbywa? - spytałam słodziutko, mając nadzieję na kolejną wycieczkę w czasie i przestrzeni kosmicznej. - Czy możesz zabrać mnie w miejsce, gdzie można to obserwować?

- Oczywiście - odpowiedział Mistrz. - Możemy tam pójść, kiedy tylko zechcesz.
- A jakby tak na przykład teraz? - dodałam jeszcze słodziej.
- Może być i teraz - skinął głową, a jego piękne oczy przybrały kolor zielonego groszku.
Czekałam, żeby zobaczyć, co się stanie. Może tak jak kiedyś dotknie mojego ramienia, a potem znajdziemy się zupełnie gdzie indziej. Ale Rhami-yata spojrzał tylko na mnie z uśmiechem.
- No więc...? - zapytałam. - Jesteśmy już na miejscu - powiedział Mistrz.
Rozejrzałam się wokół. Nadal siedzieliśmy na kamiennej ławce na Dziedzińcu Świątyni.
- W porządku - powiedziałam powoli - to dlaczego nie widzę niczego takiego jak ciemność lub kolorowe chmury energii, czy coś takiego?
Cierpliwie wyjaśniał, że proces transcendentalny jest odwiecznym tańcem pomiędzy Materią i Duchem, stwarzając dla moich zmysłów złudzenie rzeczywistości w krótkich odstępach czasu. Dlatego właśnie mogłam widzieć Dziedziniec w ten sam sposób, jak sekundę temu. Gdyby nie zachodził ten proces tworzenia, nie bylibyśmy w stanie dostrzec niczego w postaci ciała stałego lub trwałego miejsca.
- Można byłoby zobaczyć tylko iskry energii, migotanie - tworzące stale zmieniające się obrazy środowiska - powiedział. - Migotające idee rzeczywistości pochodzące zarówno z własnej świadomości i podświadomości, jak i innych. Nic nie byłoby w stanie pozostać wystarczająco stabilne dla zmysłów, aby postrzec to jako ciało stałe.
Zaintrygowana, pobawiłam się chwilę wizją „trzeciego oka", przełączając się pomiędzy nią a normalnym sposobem widzenia. Zauważyłam, że między nimi było małe okienko, w którym przez ułamek sekundy mogłam zobaczyć migotliwe iskry energii jak i stabilny Dziedziniec.
- Czy to właśnie z powodu Cyklicznego Koła Tworzenia jesteśmy w stanie żyć w Świecie Materialnym? - zapytałam.
- Cykliczne Koło Tworzenia to transcendentalny proces, w którym Materia i Duch współistnieją. I - tak, dzięki temu Dusza jest w stanie przyłączyć się do Zespołu złożonego z Umysłu, Ciała,

Emocji i Ego, co pozwala doświadczać życia fizycznego - powiedział Mistrz.
- A jak to się właściwie odbywa?
- Chcesz zatańczyć? - taka była odpowiedź Mistrza. Zanim się zorientowałam, już tańczyliśmy walca wokół Dziedzińca."

– *„Mistrz i Zielonooka Nadzieja"*

Drugie Składowe Prawo Uniwersalne:

PRAWO POCZĄTKU, ROZWOJU I PRZEMIJANIA

Imperia powstają, rozwijają się i upadają. Fortuny w pełnym rozkwicie mogą załamać się w ciągu jednej nocy. Sposoby myślenia, takie jak całe cywilizacje, rozwijają się, a następnie znikają.

Wszystko, co się narodzi i żyje, każdy pojedynczy organizm, roślina, zwierzę, człowiek, kamień, planeta czy gwiazda - zawsze kiedyś kończy swoje fizyczne istnienie. Nie ma w tym żadnej tragedii, taka jest po prostu kolej rzeczy.

Dzięki cyklom życia, możemy doświadczać swojego własnego istnienia - mierzonego zarówno czasem, jak i naszym własnym Sercem.

Wszystko, co materialne, w taki czy inny sposób podlega czasowi. I oczywiście to, co nie jest materialne, nie zna czasu - według zarówno nauki, jak również poglądów filozoficznych i mistycznych datujących się tysiące lat wstecz.

Kiedy nie ma czasu - co pozostaje i jak działa Prawo Początku, Rozwoju i Przemijania?

Wszyscy jesteśmy częścią ogromnego pola Energii z nieskończonymi możliwościami. Każdy z nas istnieje w tym polu jako indywidualna świadomość - jednocześnie będąc częścią całego pola.

Jako świadomość, którą jesteśmy i którą możemy opisać jako prąd lub sygnał, wyrażający siebie w świecie materialnym, możemy trwać, wyłącznie jeżeli się rozwijamy.

Jest tak dlatego, że kiedy się rozwijamy, częstotliwość wibracji tego prądu czy sygnału, czyli tej świadomości, którą jesteśmy, podnosi się i zapewnia nasze przetrwanie.

Z drugiej strony, kiedy przestajemy się rozwijać, częstotliwość wibracji świadomości, którą jesteśmy, zwalnia i jeśli w dalszym ciągu pozostaje zaniedbana - zacznie zwalniać coraz bardziej. Sygnał stanie się tak słaby i powolny, że w końcu całkowicie zaniknie.

„Nicość - powiedziałam drżąc. - Czuję ją. Jest bardzo zimna.
Mistrz przyglądał mi się uważnie przez chwilę. – Dziecko – powiedział - nie ma potrzeby tak się denerwować. Prawo nie jest ani ślepe, ani bezlitosne. Jest sprawiedliwe. Natomiast Rozwój jest Mocą pomagającą tym, którzy chcą czynić postęp, których serca wypełnione są chęcią rozwoju. To wszystko zależy od Ciebie. Nikt nigdy nie będzie na siłę trzymać Cię w ciemności, zaufaj mi. Jeśli ktoś naprawdę chce, znajdzie właściwą drogę. Wybór zawsze

należy do samego człowieka, czy też raczej - jego Duszy. Spojrzałam na niego z niedowierzaniem. - Ale przecież nikt nie wybrałby tego, aby przestać istnieć na zawsze.
Rhami-yata delikatnie dotknął mojej ręki. - Widzę, że nie spotkałaś wielu samobójców, Hermenethre. Nie tylko fizyczne istoty mają swobodę wyboru. Dusze także. Jest to ich niezaprzeczalne prawo. Mogą zadecydować o swoim istnieniu lub nieistnieniu. I to jest najpiękniejsza rzecz, prawda? Aby mieć możliwość wyboru własnego losu."

– *„Mistrz i Zielonooka Nadzieja"*

I tak właśnie Prawo Początku, Rozwoju i Przemijania wpływa na to, co nie podlega czasowi:

Co się rozwija, nie przeminie, kiedy nie ma czasu. Co nie ewoluuje - kończy swe istnienie.

To Prawo, tak samo jak Prawo Przyczyny i Skutku, działa bez żadnych wyjątków. I aby zapewnić sobie przetrwanie jako świadomość, którą jesteśmy, najlepiej jest zawsze się rozwijać i traktować to jako swój priorytet.

Oto co naprawdę warto zapamiętać:

Nasz rozwój zależy od poszerzania wizji naszych Serc.

Prawo Początku, Rozwoju i Przemijania daje nam szansę, by doświadczyć piękna naszych Serc, które jest jedyną trwałą rzeczą w świecie materialnym.

Zadbaj o swoje Serce: pozwól mu nadal istnieć - w ogromnym polu Energii.

Zaufaj własnemu Sercu, a dowiesz się, do czego możesz być zdolny/-a, jaki jest cel Twojego istnienia i co tak naprawdę chcesz, i potrzebujesz, przynieść na ten świat.

Unikalna prawdziwa wizja Twojego Serca jest potrzebna i wyczekiwana, by zalśnić w świecie i sprawić, by stał się lepszym miejscem dla Ciebie i dla nas wszystkich.

Trzecie Składowe Prawo Uniwersalne:

PRAWO INTEGRACJI I EKSPANSJI

Według tego Prawa, cała Materia, która jest częścią Energii Kosmicznej, nieustannie pulsuje. Rozszerza się, kurczy, a potem znowu rozszerza i tak dalej.

Jak to działa i co to ma wspólnego z naszymi doświadczeniami?

O wiele więcej, niż byśmy się spodziewali.

Dotychczas ekspansja Wszechświata i fakt, że widzimy oddalające się od nas galaktyki, powodowały głównie konsternację wśród astronomów, którzy dokonują coraz dokładniejszych pomiarów dwóch istotnych kosmicznych parametrów: szybkości ekspansji Wszechświata i średniej gęstości Materii we Wszechświecie.

Kiedy w latach dwudziestych nauka odkryła ekspansję Wszechświata, wierzono, że jej szybkość maleje. Dopiero w 1998 r., kiedy dwa niezależne ośrodki badawcze udowodniły, że szybkość ekspansji wzrasta, naukowcy zaczęli się w ogóle zastanawiać, jakie będzie to miało skutki.

Od tego czasu napisano ponad 5000 prac, a przedmiotem wielu z nich była tak zwana Ciemna Energia. W fizyce kosmologicznej i astronomii termin ten opisuje nieznaną formę energii, która, jak się uważa, przenika całą przestrzeń i wykazuje tendencje do przyspieszania ekspansji Wszechświata. Nie jest bardzo gęsta i, jak się wydaje, nie podlega prawu grawitacji, w przeciwieństwie do Materii. Ciemna Energia stanowi około 71% gęstości Wszechświata, wypełniając przestrzeń, która bez niej byłaby pusta.

To, co naukowcy postrzegali jako Ciemną Energię, Nauki Nadziei opisują jako Ducha - w przeciwieństwie do Materii.

Nauki Nadziei oraz niektóre starożytne filozofie opisywały symbolicznie interakcję pomiędzy Materią a Duchem (Ciemną Energią) jako „Oddychający Wszechświat”.

„Musisz zrozumieć, że zarówno Materia jak i Duch są energiami, a ich podstawowym elementem jest wibracja - powrócił do lekcji.

- No to pięknie - pomyślałam. Zupełnie się pogubiłam.
- Co masz na myśli mówiąc „istnieje lub nie”? - zapytałam.
Zatrzymał się i spojrzał na mnie. - Innymi słowy, to co zostało zamanifestowane i to co jeszcze nie jest zamanifestowane - powiedział.
- Aha - skinęłam głową. - To znaczy, wibracja jest jak ziarno, z którego coś urośnie albo już urosło.
(...) - Podobnie jak wysokość płomienia odzwierciedla ile oleju

jest w kaganku, a kolor płomienia będzie informował o rodzaju używanego oleju - każda energia odzwierciedla cechy wibracji, z której pochodzi - wyjaśnił.
Zmrużyłam oczy, by przyjrzeć się uważniej płomieniowi. Kiedy patrzyłam na niego w ten sposób, płomień wyglądał mgliście, jak kręgi rozchodzącej się w powietrzu fali.
- Zatem energia rozchodzi się, tworząc wzór - powiedziałam.
Uśmiechnął się. - Rzeczywiście energia jest wzorcem odzwierciedlającym częstotliwość i gęstość wibracji. Różne rodzaje energii odzwierciedlają różne wibracje.
- Tak jak to robią Duch i Materia?
- Tak właśnie - potwierdził. - Obie energie, Duch i Materia, są wieczne w swojej istocie. Podlegając ciągłej transmutacji (przemianie), utrwalają swoje istnienie. Podczas, gdy jedno z nich się ściesnia, drugie się rozszerza. Następnie, gdy to pierwsze się rozszerza, drugie się ścieśnia. I tak dalej, na zmianę.
Podał mi wyglądający zabytkowo mieszek do tłoczenia powietrza. Obracałam go w rękach, podziwiając solidne lecz gustowne wykonanie. Skóra przymocowana była do uchwytów z drewna dębowego eleganckimi, mosiężnymi nitami:
Podczas gdy bawiłam się mieszkiem Mistrz kontynuował, mówiąc:
- Tak jak kiedy podczas rozszerzania mieszka następuje zasysanie powietrza - Duch rozszerza się, rozprzestrzenia i wchłania Materię. Można powiedzieć, że Duch wtedy „wdycha" Materię.
Rozciągnęłam uchwyty mieszka, aby wciągnął powietrze.
- I co dalej? - zapytałam, patrząc na Mistrza.
- Następnie, podobnie jak mieszek wypuszczający powietrze, Duch skurcza się, a „wydychana" Materia się rozszerza.
- Ciekawe - pomyślałam i ścisnęłam do siebie uchwyty. Mieszek wydał syczący dźwięk, wypuszczając powietrze.
- I tak to mniej więcej wygląda, gdy Materia i Duch ciągle razem „oddychają" lub „tańczą" jeśli wolisz - powiedział. - Jest to odwiecznie trwający cykl. (...) - Gdy Duch albo Materia rozszerzają się, jest w nich więcej miejsca, przestrzeni. A gdy się ścieśniają, stają się bardziej zwarte, powiedzmy - bardziej napakowane. Można z łatwością zaobserwować takie zjawiska w Świecie Fizycznym.
- W jaki sposób? - zapytałam.
- Na przykład poprzez rozwój i upadek systemów myślowych,

takich jak cywilizacje. Albo tak zwane narodziny i śmierć organizmów. Lub rozszerzanie i ścieśnianie się Wszechświatów - powiedział. - Chociaż, aby zaobserwować to ostatnie, musiałabyś żyć wiele miliardów lat - uśmiechnął się. - Można jednak dowiedzieć się z fizyki kwantowej, że Wszechświat, w którym żyjesz, obecnie się rozszerza. Jest więcej w nim teraz więcej przestrzeni pomiędzy cząsteczkami Materii, planetami i tak dalej."

– *„Mistrz i Zielonooka Nadzieja"*

Podczas cyklu rozszerzającego się Wszechświata pojawia się coraz więcej przestrzeni (coraz więcej Ciemnej Energii czyli Ducha) w stosunku do Materii.

Oznacza to, że wszystko, co niematerialne szybciej i łatwiej „podróżuje", tak jakby „ślizgało się" szybko po wodzie lub powietrzu. Każda pojedyncza wibracja, jaka zostaje wysłana, porusza się szybciej.

Zwróć uwagę na to, jak szybko obecnie „manifestują się" Twoje myśli, jak szybko to, czego sobie życzysz, lub to, czego się boisz, może faktycznie zaistnieć w Twoim życiu.

A co ze zmianami na świecie: zauważ, jak szybko rzeczy się teraz dzieją w porównaniu do przeszłości - szybki rozwój nauki, ludzkiej myśli, czy nawet zmiany polityczne, gospodarcze czy społeczne. Takie zmiany kiedyś wymagały dziesiątek lub setek lat, a teraz możemy zaobserwować cały ich wachlarz w trakcie jednego życia.

Innymi słowy: mamy szansę wpływać na „rzeczywistość", w której żyjemy (a mówiąc precyzyjniej Iluzję rzeczywistości), w sposób prawdziwie doniosły i korzystny dla wszystkich.

Nasz Wszechświat - dzięki swojej przyspieszającej ekspansji - jest po naszej stronie.

Życie jest po naszej stronie. Żyjemy w bardzo interesujących czasach: to od nas zależy, jak wykorzystamy tę wiedzę.

Wiem, że bardzo dobrze sobie poradzimy, jeśli tylko podejdziemy do tego z otwartymi Umysłami i Sercami.

Wewnętrzna Podróż

POSZERZANIE WIZJI SWOJEGO SERCA

Znajdź wygodną pozycję, w której nikt i nic nie będzie Ci przeszkadzać przez co najmniej 10-15 minut. Jeśli jesteś już gotowy/-a, zrób kilka głębokich oddechów. Za chwilę poproszę Cię o zamknięcie oczu, a następnie o otworzenie ich z powrotem, by czytać dalej, kiedy już wyobrazisz sobie taką sytuację:

A: Stoisz przed złotą bramą na środku dużej łąki, która rozciąga się wszędzie wokół Ciebie aż po horyzont. Oddychasz powoli, napawając się sielskim otoczeniem.

B: Patrzysz na złotą bramę, nie wiedząc, dokąd prowadzi i co można za nią znaleźć. Jednak gdzieś w głębi siebie czujesz, że przejście przez tę bramę jest dla Ciebie bardzo ważne.

C: Podchodzisz bliżej do bramy i zatrzymujesz się tuż przed nią. Czekasz przez chwilę.

D: Robisz głęboki oddech i przechodzisz przez bramę. Rozglądasz się wokół i zauważasz, że otoczenie uległo zmianie: stoisz teraz na szczycie wzgórza z widokiem na piękną dolinę. Rozpościerasz szeroko ramiona. Czujesz się częścią natury, która Cię otacza, oraz nieba nad Tobą. Czujesz, jak cicha radość wzrasta w Tobie, gdzieś od środka. Dobrze być tutaj. Czujesz się bezpiecznie i czujesz się jak w domu.

E: Czując połączenie pomiędzy sobą i wszystkim wokół Ciebie, uzmysławiasz sobie, że stałeś/-aś się „Mostem" łączącym to wszystko. Ty - jako ten „Most" umożliwiasz połączenie wszystkiego wokół i istnienie tego jako jedności. Czujesz, jak Twoja własna obecność się rozmywa: bycie „Mostem" sprawia, że czujesz się nieograniczony/-a.

F: Oddychasz spokojnie i powoli, ciesząc się z bycia „Mostem" i nie musząc się wcale poruszać: możesz być tam, gdzie chcesz być, bez robienia ani jednego kroku.

Przeczytaj powyższe kroki tyle razy, ile chcesz. Nie ma pośpiechu. Wszystko jest dobrze. Zamknij oczy i otwórz je ponownie, kiedy ukończysz zadanie.

Zamknij oczy TERAZ.

***

Dobrze. Otworzyłeś/-aś oczy. Możesz teraz odpocząć, kontemplując swoje doświadczenie i wrócić do tych stron później lub kontynuować czytanie od razu. To zależy od Ciebie: zawsze ufaj swojemu własnemu procesowi.

Rozdział 4

8 Składowych Praw Uniwersalnych

Część Druga:

Prawo Pozorne
Prawo Reakcji Łańcuchowej
Prawo Skierowane do Siebie

„Największym cudem naszego istnienia jest to, że wszyscy jesteśmy w stanie doznać tak zwanego „przebudzenia" i wyzwolić własne Dusze. Kiedy stajemy się na to gotowi, „przebudzenie" przychodzi naturalnie - i jest to tak, jakbyśmy otrzymali prezent, dar.

Prezenty są bezpłatne. Mogą przyjść tylko przez otwarte drzwi. Jesteś gotowy, aby „otworzyć drzwi" w momencie, gdy uświadomisz sobie, że jesteś gotowy, aby przyjąć dar. Usilne staranie się

„otwarcia drzwi" w konsekwencji czyni nas oślepionymi przez własną koncepcję, ogłuszonymi przez wołania lub podszepty naszego Ego lub Umysłu. Tak oślepieni i ogłuszeni możemy niefortunnie „zablokować drzwi" i nigdy nie otrzymać naszego prezentu."

– *„Mistrz i Zielonooka Nadzieja"*

Czwarte Składowe Prawo Uniwersalne:

PRAWO POZORNE

To Prawo odpowiada za liczne „przebudzenia" wśród poszukiwaczy głębszej wiedzy.

Bycie w harmonii z Prawem Pozornym prowadzi do poszerzonej świadomości, altruizmu i bezwarunkowej Miłości, które pomagają mózgowi przeprogramować się i nauczyć się funkcjonować w oparciu o logikę duchową, a nie tylko o logikę zmysłów.

Prawo Pozorne opiera się na zasadzie, że pozorna strata pojawia się wtedy, gdy tak naprawdę zaistniał rzeczywisty zysk. Natomiast pozorny zysk pojawia się wtedy, gdy tak naprawdę zaistniała strata.

Pomyślmy o jakiejś sytuacji w swoim życiu, kiedy gdy coś oddajemy, a jednak w jakiś sposób odzyskujemy potem albo to samo albo coś równoważnego. Na przykład może po podarowaniu komuś prezentu, sami coś otrzymaliśmy, być może w innej formie, jednak wyraźnie zbliżonej do tego podarowanego wcześniej prezentu.

Można więc powiedzieć, że kiedy pozornie coś tracimy, dając, tak naprawdę coś zyskujemy.

Jeżeli zapytamy sami siebie, czy zawsze zyskujemy, tracąc, odpowiedź będzie brzmieć „nie". A oto powód: to zależy od wibracji naszych czynów i myśli.

Pamiętaj, Twoje myśli należą do świata materialnego, pomimo tego, że się ich nie widzi.

Kiedy zrozumiemy, że nasze myśli są także działaniami, gdyż mają charakter wibracji, uzmysłowimy sobie, jak ważne one są w procesie naszego życia i przyciągania (lub stwarzania) zdarzeń, doświadczeń, sytuacji i ludzi w naszym życiu.

Każdy czyn i każda myśl ma swój początek, który nazywamy „Punktem Wyjścia".

Wibracje, które zostaną użyte w Punkcie Wyjścia - te myśli lub uczucia - nazywane są „Intencjami".

Innymi słowy, u podłoża każdej myśli i każdego czynu leżą Intencje. A Intencje te, użyte w Punkcie Wyjścia, mogą wibrować z różnymi częstotliwościami, tak jak fale radiowe.

Częstotliwości Intencji zależą od świadomości danej osoby. Im większe postępy na drodze rozwoju poczyniliśmy w życiu, tym większa jest nasza świadomość.

Im większa Twoja świadomość, tym szybsze wibracje Twoich Intencji.

I tak, w zależności od częstotliwości Twoich Intencji w Punkcie Wyjścia, zyskasz lub stracisz.

Wysokie częstotliwości Twoich Intencji przyniosą Ci korzyść. Niskie - stratę.

Jeżeli na przykład dajesz jakieś prezent, oczekując, że otrzymasz coś w zamian, możesz nie otrzymać zupełnie nic z powrotem. Twoje Intencje nie zgadzały się z Twoim działaniem. Udawanie hojności nie zgadzało się z intencją zrobienia interesu.

Zauważ, że nie ma nic złego w robieniu interesów. Jednak udawanie, że jest się hojnym po to, by zagrabić coś dla siebie, nie jest oznaką wysoko rozwiniętej świadomości. Dlatego też nie możesz mieszać robienia interesów z bezinteresownym dawaniem. Rób interesy, jeśli chcesz - ale nie udawaj, że dajesz bezinteresownie.

Pamiętaj, że tylko prawdziwa hojność ma wysoką częstotliwość wibracji.

Kiedy dajesz bezinteresownie - wtedy tak naprawdę zyskujesz.

Upewnij się, że Twoje Intencje w Punkcie Wyjścia Twoich myśli lub czynów mieszczą się w wyższych zakresach częstotliwości wibracji. Dzięki temu unikniesz pomyłek i rozczarowań.

Kiedy dajesz bezinteresownie: DAWAJ (nie żywiąc nadziei na pochwały i nie oczekując niczego w zamian. Nawet „dziękuję” - to też - na poziomie energetycznym - jest potężną nagrodą.)

Kiedy robisz interesy: RÓB INTERESY. **Świadome robienie interesów nie jest wibracją o niskiej częstotliwości, o ile robi się to w sposób uczciwy.**

Kiedy kochasz: KOCHAJ (bycie zaborczym albo zachłannym, to nie jest Miłość).

Miej jasność co do tego, jaka jest Twoja prawdziwa intencja, a wówczas uzyskasz oczekiwane rezultaty. To takie proste.

W ten sposób możesz być w harmonii z Prawem Pozornym.

Życie JEST proste: jest piękne, jest czystą radością, kiedy pozwolisz mu takim być.

Kiedy słuchamy własnego Serca, nic nie jest trudne i wszystko jest dobrze.

Według tego, co wielu filozofów, mistyków i systemów wierzeń mówiło od tysięcy lat, a także zgodnie z teorią pola kwantowego, im wyższa częstotliwość wibracji, z tym większą energią oddziaływują one na wszystko inne.

Gdy przyjrzymy się na przykład ludzkim falom mózgowym, dowiadujemy się, że fale o najwyższej częstotliwości drgań, a szczególnie fale Gamma, związane są z podniesioną świadomością, altruizmem oraz tzw. „wyższymi wartościami". Badaczy naukowych wciąż dziwi fakt, że rytm fal Gamma moduluje percepcję i świadomość, nawet wtedy, gdy traci się ją podczas głębokiej narkozy lub transu. Kolejną zagadką jest to, w jaki sposób fale Gamma są generowane - gdyż ich częstotliwość wybiega poza granice emisji potencjału czynnościowego neuronów. Oznacza to, że mózg nie może wytworzyć takich fal - według tradycyjnych badań medycznych. (Jednak potrzebne jest więcej badań, gdyż mózg „przestawiony" na logikę duchową, która wykorzystuje wibracje o wysokiej częstotliwości - funkcjonuje w inny sposób niż mózg używający logiki zmysłów).

Poszerzona świadomość, altruizm, bezwarunkowa Miłość - czyli „wyższe wartości" (innymi słowy: Intencje o wyższych częstotliwościach) - mają ogromną moc zmieniania rzeczywistości w mgnieniu oka z powodu jakości swoich wibracji. A także otwierają drzwi do otrzymania daru „przebudzenia".

Wewnętrzna Podróż

DOŚWIADCZANIE STRUMIENIA OBFITOŚCI

Znajdź wygodną pozycję, w której nikt i nic Ci nie przeszkodzi przez co najmniej 10-15 minut.

Jeśli jesteś już gotowy/-a, zrób kilka głębokich oddechów.

Za chwilę poproszę Cię o zamknięcie oczu, a następnie o otworzenie ich z powrotem, by czytać dalej, kiedy już wyobrazisz sobie taką sytuację:

A: Siedzisz gdzieś na łonie natury na rozległym polu. Jest późna noc, a niebo usiane jest gwiazdami. Noc jest cicha i ciepła. Czujesz się bezpiecznie i komfortowo. Oddychając spokojnie, patrzysz na gwiazdy.

B: Podczas gdy robisz wdech, w Twojej klatce piersiowej narasta złocista mgła. A kiedy robisz wydech, złota mgła wydobywając się z Ciebie idzie prosto do nieba, tworząc na nim nową błyszczącą gwiazdę.

C: Zamykasz oczy, pozwalając, by każdy Twój oddech tworzył kolejne gwiazdy na niebie.

D: Oddychając, napawaj się tym strumieniem obfitości:

WDECH - Wszechświat dostarcza Ci cennego powietrza, które zamienia się w złoto w Twoich płucach.

WYDECH - wydychasz dar Wszechświata i złota mgła zamienia się w gwiazdę, jaśniejącą dla Ciebie i dla wszystkich innych.

E: Oddychając równomiernie, uzmysławiasz sobie, że:

Tak długo, jak jesteś częścią cyklów tworzenia, hojnie dzieląc się darami Wszechświata, zawsze będzie istniał ciągły i niekończący się napływ obfitości światła.

Wiesz, że to światło, a nie brak światła, zapewnia komfort i bezpieczeństwo.

Im więcej światła, którym się dzielimy, tym więcej światła jest dostępne. Światła nigdy nam nie zabraknie, kiedy umiemy się nim dzielić.

Przeczytaj powyższe kroki tyle razy, ile chcesz. Nie ma pośpiechu. Wszystko jest dobrze. Zamknij oczy i otwórz je ponownie, kiedy ukończysz zadanie. Zamknij oczy TERAZ.

***

Dobrze. Otworzyłeś/-aś oczy. Możesz teraz przestać czytać i wrócić do tych stron później. Możesz też kontynuować, jeśli taki jest Twój wybór. Zawsze ufaj swojemu własnemu procesowi.

Piąte Składowe Prawo Uniwersalne:

PRAWO REAKCJI ŁAŃCUCHOWEJ

DLACZEGO JEST TAK, ŻE TO, CO „WYSYŁASZ", WRACA ZMIENIONE: POMNOŻONE LUB POMNIEJSZONE?

Kiedy mówiliśmy o Prawie Pozornym, dowiedzieliśmy się, że kiedy dajemy coś naprawdę bezinteresownie, to w jakiś sposób dostajemy to z powrotem - w takiej czy innej formie. Zauważyliśmy także, że to, co do nas wraca, nie jest dokładnym ekwiwalentem tego, co „wysłaliśmy".

Dzieje się tak z powodu Piątego Składowego Prawa Uniwersalnego: Prawa Reakcji Łańcuchowej.

Jak już wiesz, dzięki naszym Umysłom, które działają w podobny sposób do ogromnych przekaźników, myśli, jakie wysyłamy, mają konkretną częstotliwość wibracji, w zależności od naszych Intencji.

Wiesz także, że im wyższa częstotliwość wibracji myśli, tym większy one wywierają wpływ na wszystko inne. Oraz że wszystkie myśli i wszystkie czyny są wysyłane z Punktu Wyjścia (punktu początkowego dla naszych Intencji).

Kolejną rzeczą, którą warto wiedzieć, jest to, że wszystkie wibracje mają tendencje do kumulacji.

Wibracje działają jak magnesy. Przyciągają wibracje o podobnych częstotliwościach i stają się zbitkami wibrujących fal.

Możesz zaobserwować to w swoim życiu jako zjawisko „swój do swego ciągnie". Podobieństwa się przyciągają. Pomyśl na przykład o tym, co masz wspólnego ze swoimi przyjaciółmi, czy jest to cecha charakteru czy wspólne zainteresowania. Można by rzec, że nadajecie na tych samych falach. Może nawet słyszałeś/-aś, że czasem mówi się, że niektórzy ludzie mają podobne „wibracje".

Aby lepiej zrozumieć Piąte Składowe Prawo Uniwersalne: Prawo Reakcji Łańcuchowej, pomyśl o „efekcie domino". Wyobraź sobie, że ustawiono płytki domina w taki sposób, że jeśli popchniesz pierwszą z nich, siła z jaką upada przewróci następną i tak dalej, aż przewrócą się wszystkie.

Taki jest mechanizm Prawa Reakcji Łańcuchowej: kiedy jeden element Materii wibruje, jego wibracje są przenoszone na kolejny element i w ten sposób rozprzestrzeniają się coraz dalej. Każdy pojedynczy czyn i każda pojedyncza myśl powoduje rezultat podobny do tego, jaki możemy zaobserwować w efekcie domina - wytwarza się reakcja łańcuchowa.

Możesz zadać sobie pytanie: w przypadku którego elementu występuje większe prawdopodobieństwo przenoszenia wibracji, a w przypadku którego jest większe prawdopodobieństwo ulegania wpływom innych?

Jeżeli chodzi o elementy Materii, ten o najwyższej wibracji wykazuje największe prawdopodobieństwo wywarcia wpływu na inne o niższych wibracjach.

Nie mylmy jednak Prawa Reakcji Łańcuchowej z Prawem Przyczyny i Skutku:

Prawo Reakcji Łańcuchowej nie skupia się na przyczynie i skutku. Chodzi w nim o szereg reakcji, które następują po skutku, co także wyjaśnia ich naturę.

Przypomnij sobie Prawo Pozorne i jakąś przykładową sytuację, w której dałeś/-aś coś bezinteresownie, a potem jakoś to do Ciebie wróciło. Postaraj się przypomnieć sobie, czy to, co wróciło, było dokładnym ekwiwalentem tego, co dałeś/-aś. Prawdopodobnie dotarło do Ciebie albo nieco więcej albo nieco mniej w porównaniu do tego, co dałeś/-aś. A stało się tak z powodu Prawa Reakcji Łańcuchowej.

Aby lepiej zrozumieć, jak to wszystko działa, przypatrzmy się następującym sytuacjom:

Po pierwsze przyjrzyjmy się temu, co się dzieje, kiedy dajemy coś komuś, nie oczekując nic w zamian i nie czekając na pochwałę ani wdzięczność od innych:

Twoje intencje w „Punkcie Wyjścia" są prawdziwie bezinteresowne. Z powodu działania „Prawa Reakcji Łańcuchowej", intencje te wpływają na inne energie, przyciągają je i kumulują się z nimi.

To, co wysłałeś/-aś wraca do Ciebie, tylko że teraz jest to cały zbitek podobnych wibracji.

W ten właśnie sposób dostajesz z powrotem więcej, niż dałeś/-aś. Innymi słowy: dostajemy z powrotem więcej niż daliśmy, kiedy nasze Intencje są czyste.

A co się dzieje, kiedy nasze Intencje nie są czyste?

Co się dzieje z tymi wszystkimi myślami i czynami, które wysyłamy przepełnione chciwością, egoizmem i knuciem?

Niskie wibracje także przyciągają inne. Mimo że mają one słabszy wpływ na wyższe wibracje, nadal silnie przyciągają podobne niższe wibracje i nadal podlegają Prawu Reakcji Łańcuchowej.

Tak więc znowu dostajemy z powrotem więcej, niż daliśmy: więcej chciwości, samolubności, przebiegłych działań i myśli ze strony innych ludzi, co wpływa na nasze życie i powoduje problemy.

Lub - jeżeli udajemy, że jesteśmy bezinteresowni, ale tak naprawdę chcemy ubić interes, co oznacza, że nasze Intencje nie były czyste w Punkcie Wyjścia, gdyż nie zgadzały się z naszymi czynami/myślami - otrzymujemy z powrotem mniej niż wysłaliśmy, albo zupełnie nic.

I to właśnie się dzieje, kiedy wysyłasz jakąś myśl lub dokonujesz jakiegoś czynu: w zależności od Twoich Intencji w Punkcie Wyjścia, to, co dostaniesz z powrotem, jest tym, co wysłałeś/-aś, tylko że pomnożonym lub pomniejszonym.

Skumulowana cecha wszystkich wibracji determinuje rzeczy, które dostajesz lub których nie dostajesz w życiu.

Istnieją pewne teorie opierające się na koncepcji, że to, czego chcesz, możesz przyciągnąć swoimi myślami, o ile dostosujesz swoją wibrację do wibracji tego, czego chcesz. A mówiąc precyzyjniej, do wibracji uczucia osiągnięcia lub zdobycia tego, czego chcesz.

Takie teorie są mylące, gdyż opierają się wyłącznie na obserwacji, że „swój do swego ciągnie" / „podobne przyciąga podobne" bez pełnego zrozumienia, jak tak naprawdę działa Prawo Uniwersalne. Dlatego też wielu ludzi, którzy wykorzystują techniki oferowane przez twórców takich teorii i próbują zyskać dobra materialne lub spełnić swoje marzenia, wcześniej czy później doznaje zawodu.

Wszystko, co wywodzi się z lęku, zgorzknienia, desperacji, rozczarowania, chciwości, dumy lub jest napędzane Ego - jest wibracją o niskiej częstotliwości i z powodu działania Prawa Pozornego i Prawa Reakcji Łańcuchowej nie wywoła żadnej trwałej lub udanej „manifestacji" w świecie materialnym.

WYŁĄCZNIE wibracje o wyższych częstotliwościach, takie jak czyste Intencje w Punkcie Wyjścia, mogą przynieść wartościowe i trwałe rzeczy oraz wytworzyć prawdziwe szczęście w życiu.

Żadna fortuna, kariera czy związek zbudowane na wibracjach o niskiej częstotliwości nie może przynieść szczęścia i pozwolić na cieszenie się radosnym i spełnionym życiem. Ludzie wcześniej czy później albo tracą to, co zyskali, albo zaczynają poważnie chorować albo kończą w rozczarowaniu, zgorzknieniu, samotni i zapomniani. To właśnie dlatego tak ważne jest, żeby dostosować nasze marzenia do wizji naszego Serca.

Ustaw pragnienia Twojego Serca wyżej w hierarchii niż pragnienia swojego Ego. Nie ustalaj sobie celów i nie dokonuj ważnych decyzji pod wpływem swoich lęków lub negatywnych emocji.

Wtedy i tylko wtedy, to, czego pragniesz, przyniesie Ci szczęście i stanie się Twoją trwałą rzeczywistością.

Szóste Składowe Prawo Uniwersalne:

PRAWO SKIEROWANE DO SIEBIE

Każdy z naszych czynów i każda z naszych myśli powraca do swojego Punktu Wyjścia w każdym przypadku.

Podobnie jak inne Prawa Uniwersalne, prawo to działa cały czas, wywierając wpływ na nas wszystkich, bez wyjątków.

Aby lepiej zrozumieć Prawo Skierowane do Siebie, możemy przyjrzeć się podstawom Mechaniki Nieba - działu astronomii zajmującego się ruchem ciał niebieskich, a w szczególności Astrodynamiki, zajmującej się orbitami sztucznych satelitów.

Ruch tych obiektów jest zwykle obliczany w oparciu o zasady dynamiki Newtona i jego prawa powszechnego ciążenia.

Trzecia zasada dynamiki Newtona mówi, że jeśli ciało 1 działa na ciało 2 pewną siłą, to ciało 2 działa na ciało 1 taką samą siłą, ale w przeciwnym kierunku.

Innymi słowy: „dla każdej akcji istnieje zawsze równa i przeciwna reakcja".

Prawo powszechnego ciążenia Newtona mówi, że dwie cząsteczki, które dzieli odległość, przyciągają się nawzajem z taką samą przeciwną siłą wzdłuż linii łączącej te cząsteczki (pamiętamy także z Teorii Kwantowej, że wszystkie rzeczy, między którymi kiedykolwiek doszło do interakcji, są ze sobą na zawsze powiązane, złączone.)

Nie tylko wszyscy wpływamy na siebie nawzajem, ale także wszystko, co wysyłamy – w ostatecznym rozrachunku wysyłamy do siebie.

„Wyobraź sobie powracający bumerang - zaczął Mistrz.
Spojrzałam na wysokie drzewa na Dziedzińcu, próbując wyobrazić go sobie pomiędzy nimi.
- Bumerang robi pętlę i powraca do tego samego miejsca, z którego został wyrzucony w powietrze - powiedziałam. - Nie jestem pewna, dlaczego tak się zachowuje.
- Dzieje się tak, ponieważ jego wirowanie i lot do przodu spowodowane są siłą nośną jego skrzydeł - wyjaśnił. - Przy każdym obrocie w powietrzu jedno ze skrzydeł skierowane jest do przodu - w kierunku lotu, a drugie w inną stronę, ponieważ ustawione są one pod kątem prostym. Dalej siła nośna powoduje pochylenie się bumerangu, tak jak rower pochyla się na zakręcie. Dlatego jego lot zakrzywia się i bumerang powraca do punktu wyjścia.

Byłam zdumiona genialnością tego projektu. Zwłaszcza, że wynalazcami bumerangu byli przecież australijscy Aborygeni.
- Jakżeż mogli oni wymyślić coś takiego, nie znając zasad fizyki? - pomyślałam.
- Czyż nie trzeba być wykształconym, aby wpaść na taki pomysł? - zapytałam.
- Nie tylko ludzie, ale nawet zwierzęta rozumieją zasady fizyki, poprzez obserwację natury - powiedział Mistrz.
Zgodziłam się z nim. Przypomniałam sobie, że niektóre ptaki budują bardzo skomplikowane gniazda, mrówki potrafią konstruować całe miasta w swych kopcach, a bobry wiedzą jak reguluje się rzeki i buduje tamy.
- Najwyraźniej ludzie nie są jedynymi inteligentnymi stworzeniami - podsumowałam.
Mistrz skinął głową. - Następne prawo składowe, o którym się teraz nauczysz, jest oparte na zasadzie podobnej do efektu bumerangu - powiedział. - Cokolwiek zostanie wysłane w świat, do innych, musi wrócić do punktu, z którego zostało wysłane.
- Nawet jeśli zmieni się wibracja wzmocniona lub zaniżona z powodu Prawa Reakcji Łańcuchowej, dobrze mówię? - spytałam zadowolona, że tyle już zapamiętałam.
- Bardzo dobrze - uśmiechnął się. - Widzisz, nie jest to takie trudne. Nawet jeśli się nie jest fizykiem.
- Mam nadzieję - westchnęłam. - Proszę mów dalej.
- To, co wysyłamy, zawsze wraca - kontynuował Mistrz - nawet jeśli wydaje się to być nicością. Kiedy nic do Ciebie nie wraca, to dzieje się tak, ponieważ wysłałaś bardzo niskie wibracje, więc dostałaś z powrotem nicość. Jednak - to co wysłałaś, zawsze do ciebie powraca, jak bumerang. I zawsze jest odmienione z powodu Prawa Reakcji Łańcuchowej. Dostajesz więcej tego samego - lub nicość.
- A jak nazywa się to prawo oparte na zasadzie bumerangu?
- Nazywamy je Prawem Skierowanym do Siebie.
- To prawda! Wszystko to co wysyłamy w świat, wysyłamy do samych siebie - powiedziałam z uśmiechem.
- Czegokolwiek chcemy dla innych - pomyślałam - ma wpływ na nas. Jesteśmy w rezultacie ostatecznymi odbiorcami naszych własnych pomysłów, życzeń i kreacji.

Wyobraziłam sobie morze wypełnione licznymi falami i wirami. W słoneczny dzień woda będzie parować i powstaną z tego obłoki. Potem te obłoki zamienią się w chmury deszczowe, a deszcz spadnie na Ziemię. Gdzieś w głębi ziemi powstaną strumienie, wody podskórne, a potem wypłyną na powierzchnię i zamienią się w rzeki. Natomiast wszystkie rzeki powrócą do morza.

- Prawo Skierowane do Siebie działa dokładnie tak samo - pomyślałam."

– *„Mistrz i Zielonooka Nadzieja"*

Przyjrzyjmy się teraz wizualizacji wibracji o wysokiej częstotliwości. Wyglądają jak linia falista, a odległość pomiędzy poszczególnymi falami jest bardzo mała. Równocześnie fale charakteryzują się dużą wysokością:

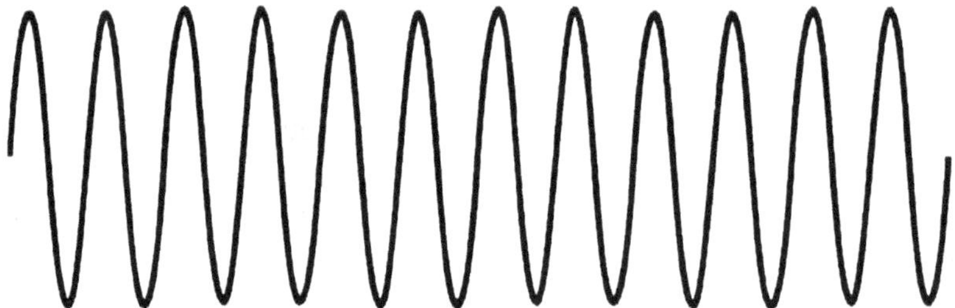

Natomiast jeżeli chodzi o wibracje o niskich częstotliwościach, ich wizualizacja byłaby również linią falistą, zaś odległość pomiędzy poszczególnymi falami byłaby większa, a same fale niezbyt wysokie:

Im niższa częstotliwość wibracji, tym większa odległość pomiędzy poszczególnymi falami i mniejsza wysokość.

W przypadku bardzo niskich częstotliwości, linia falista prawie że przypomina linię prostą:

A kiedy częstotliwości stają się jeszcze niższe, właściwie w ogóle nie ma żadnych fal, tylko linia prosta. Oznacza to, że nie istnieje tam już wibracja żadnego rodzaju, czyli że bardzo niska wibracja przestaje istnieć i zamienia się w Nicość.

To, co wysyłamy, zawsze wraca. Nawet kiedy nic nie wraca, wynika to wyłącznie z zasad Prawa Reakcji Łańcuchowej: w niektórych przypadkach niskie częstotliwości Intencji mogą obrócić się w Nicość w drodze powrotnej do wysyłającego.

Możemy zaobserwować takie sytuacje na świecie, kiedy widzimy wyniki wibracji o bardzo niskich częstotliwościach, takie jak działania krzywdzące innych (lub przyrodę / zwierzęta czy planetę), a jednak ci, którzy powodują taką krzywdę, bez względu na to, czy są to indywidualne osoby czy firmy, wydają się pozostawać nietknięci, nie odczuwając żadnych skutków własnych działań.

Pamiętajmy jednak, że Prawo Uniwersalne działa cały czas, bez wyjątków. I tak, zgodnie z Prawem Pozornym - kiedy pozornie zyskujesz, tak naprawdę tracisz.

Oto jak to działa w tym przypadku:

Ci, którzy powodują prawdziwą krzywdę, wysyłają wibracje o bardzo niskich częstotliwościach, które w drodze powrotnej do nich zmieniają się w Nicość. Choć pozornie zyskują oni władzę czy pieniądze - naturalnie zaniżają swoje własne wibracje, zamiast rozwijać się i je podwyższać.

Jako że „swój do swego ciągnie” tacy ludzie wykazują tendencję do przyciągania/kumulowania coraz większej ilości niskich wibracji i w konsekwencji w pewnym momencie - z powodu działania Prawa Reakcji Łańcuchowej - częstotliwości ich wibracji zaczynają stopniowo zanikać, a wówczas zakończy się ich egzystencja.

Jak pamiętamy, przetrwanie świadomości, którą jesteś, zależy od częstotliwości Twoich wibracji. Niektórzy podnoszą swoje wibracje do tak wysokich częstotliwości, że mogą istnieć wiecznie. Podczas gdy inni, zaniżając częstotliwość swoich wibracji – przestają istnieć.

Należy zapamiętać, że nie ma żadnych zasad dla świadomości, które nakazywałyby jej zachowywanie się w ten czy inny sposób. Wszelkie takie zasady zostały stworzone przez ludzki Umysł (tj. doktryny filozoficzne lub religijne).

Jak wcześniej wspomniałam, niektóre elementy Nauk Nadziei wyciekły i ich ślady można znaleźć w różnych poglądach filozoficznych/religijnych. Jednak takie poglądy formułowano czasem na podstawie ograniczonych obserwacji skutków 7 Mocy i tworzono je w celach przynoszących korzyści elitom, które decydowały się wykorzystać ideologie do zbudowania instytucji biznesowych w celu wywierania wpływu na ludzi, by zyskiwać władzę i dobra materialne.

To, czy chcesz istnieć czy nie, albo w jaki sposób chcesz istnieć - zawsze było i zawsze będzie kwestią Twojego własnego wy boru.

Prawo Uniwersalne jest sprawiedliwe i jest zaprojektowane w taki sposób, że wspiera każdego, bez względu na to, jakich dokonujemy wyborów.

7 Mocy tworzących świat zawsze pomaga Ci być tym, kim chcesz być. To od Ciebie zależy, w jaki sposób chcesz siebie doświadczać.

Twoje życie to Twoja własna podróż i tylko Ty możesz decydować, jak chcesz je przeżyć.

Twoje życie może być piękne, szczęśliwe i spełnione.

Wszyscy żyjemy na tym samym świecie i oddychamy tym samym powietrzem. Uczymy się od siebie nawzajem i uczymy siebie nawzajem. Możemy być dobrzy. Możemy być silni. Możemy dbać o siebie nawzajem.

Możemy być ludźmi w sposób najpiękniejszy z możliwych.

Cokolwiek nie wybierzesz, wybieraj z Serca - nie z lęku, nie z Umysłu. Lęk Cię ograniczy, a Umysł Cię oszuka. Wolne wybory pochodzą tylko z Twojej własnej Prawdy.

Wewnętrzna Podróż

DOSTRAJANIE SIĘ DO PRAWA SKIEROWANEGO DO SIEBIE

Znajdź wygodną pozycję, w której nikt i nic nie będzie Ci przeszkadzać podczas Twojej wewnętrznej podróży.

Zrób teraz kilka głębokich oddechów.

Dobrze. Za chwilę poproszę Cię o zamknięcie oczu, a następnie o otworzenie ich z powrotem, by czytać dalej, kiedy już wyobrazisz sobie taką sytuację:

A: Siedzisz na wzgórzu. To wzgórze istnieje wyłącznie w Twoim Umyśle, a jednak wydaje się bardzo prawdziwe. Z tego wzgórza widzisz przed sobą piękną Planetę Ziemię. Odczuwasz w swoim Sercu tęsknotę, wiedząc, że patrzysz na swój dom.

B: Kładziesz swoje dłonie na klatce piersiowej, wyczuwając rytm swojego Serca. A następnie decydujesz się wysłać wiadomość tym, którym kochasz, na swoją planetę. Postanawiasz, że Twoje Serce będzie Punktem Wyjścia dla Twojej wiadomości.

C: Z całą swoją miłością przesyłasz w stronę planety następujące słowa: „Zależy mi na Tobie."

D: Widzisz, jak te słowa płyną w kierunku planety a następnie zataczają wokół niej koło i wracają do Ciebie, lądując w Twoim Sercu. W tym momencie czujesz, że Miłość, którą wysłałeś/-aś zwielokrotniła się w drodze powrotnej do Ciebie: jest to takie uczucie, jakby całego/całą Ciebie otuliła ciepła potężna fala.

E: Teraz decydujesz się przesłać więcej wiadomości, dokładnie w ten sam sposób, i przekonać się, jak na Ciebie wpłyną. Wysyłasz, jedna za drugą, następujące wiadomości, zawsze czekając aż każda z nich wróci, zanim wyślesz kolejną:

Jestem szczęśliwy/-a, że tu jestem

Cieszę się tą chwilą

Kocham Cię

Nie śpiesz się i przeczytaj powyższe kroki tyle razy, ile chcesz. Wszystko jest dobrze. Kiedy skończysz czytać, zamknij oczy i otwórz je ponownie, kiedy ukończysz zadanie.

Zamknij oczy TERAZ.

***

Dobrze. Otworzyłeś/-aś oczy.

Zastanów się nad tym, co wydarzyło się podczas tej *Wewnętrznej Podróży*: jakie uczucia wywołały w Tobie skutki tego, co wysłałeś/-aś. Teraz już wiesz, jak to działa.

Wszystko, co wysyłasz, wysyłasz do siebie.

Możesz zacząć teraz czytać kolejny rozdział lub przerwać czytanie i wrócić do tych stron później, w odpowiednim dla siebie czasie. Dobrze jest ufać własnemu procesowi.

Rozdział 5

8 Składowych Praw Uniwersalnych

Część Trzecia:

Prawo Matryc i Echa
Prawo Nieskończoności

„Usiedliśmy przy dużym drewnianym stole, przy którym swobodnie mogłoby się pomieścić przynajmniej tuzin ludzi. Bardzo mi się podobał jego prosty, drewniany blat. Wiele rys i niedoskonałości na jego powierzchni wydawało się opowiadać o wszystkich tych, którzy kiedyś przy nim zasiadali. Ten stół miał własną historię i tak jak biblioteka, przechowywał zapisy z przeszłości.

Milczeliśmy przez chwilę i pozwoliło mi to wchłonąć naturalną ciszę tej wielkiej komnaty.

- Kiedy rozglądasz się tutaj wokół, Hermenethre, co widzisz? - spytał Rhami-yata. - Historię przeszłości i historię intelektu - odpowiedziałam.
- Istotnie, głównie to możemy tutaj odnaleźć - skinął głową. - Wyobraź sobie teraz, że Energia Kosmiczna Wszechświata ma podobne właściwości jak tutejsza Biblioteka. Służy do gromadzenia i zapisywania każdego pojedynczego czynu albo myśli.
- No wiecie co? - powiedziałam. - Przecież to byłoby okropne, gdyby tak właśnie było.
- Tak to właśnie jest - powiedział Mistrz.
- Jakie to bezlitosne. - Poczułam się zdegustowana.
- Jakie to mądre i dobre. - Uśmiechnął się Rhami-yata.
Dało mi to dużo do myślenia i bardzo mnie tym zaciekawił."

– *„Mistrz i Zielonooka Nadzieja"*

Siódme Składowe Prawo Uniwersalne:

PRAWO MATRYC I ECHA

Jedyny sposób, w jaki możemy się dowiedzieć o większości rzeczy, to obserwacja istniejących wzorów/śladów, które możemy odczytać, przeanalizować i zinterpretować.

Na przykład: nikt nigdy nie widział atomu ani elektronu, a jednak wiemy, że istnieją i możemy narysować, jak wyglądają.

W swoim słynnym eksperymencie przeprowadzonym na początku dwudziestego wieku Ernest Rutherford zbombardował cząsteczkami alfa (innymi małymi elementami, których także nie widzimy) złotą folię. Następnie przyjrzał się wzorowi, jaki pozostawiły one po uderzeniu w folię, i zauważył, że ten wzór wskazuje na to, że atomy złota mają jądro ściśle wypełnione protonami o ładunku dodatnim.

Wzory/formy/ślady - mówią nam nie tylko, jak wszystko (łącznie z cząsteczkami) się zachowuje, ale także jakie są tego właściwości. Innymi słowy: opowiadają nam historię, którą jesteśmy w stanie odczytać.

Tak jak na przykład gdy astronomowie zaglądają daleko w przestrzeń, tym samym zagłębiając się w daleką przeszłość, i odczytują informacje z promieniowania CMB (tzw. mikrofalowego promieniowania tła), które swój początek miało około 378.000 lat po Wielkim Wybuchu.

Wróćmy teraz do naszych Myśli i czynów: w jaki sposób tworzą one formy/wzorce w polu Energii Kosmicznej i dlaczego wszystko, co robimy i myślimy, ma ogromny wpływ na nas, na naszą rzeczywistość i to, czego doświadczamy każdego dnia w życiu.

Zapisy przechowywane w Energii Kosmicznej nie służą wyłącznie temu, by przechowywać wspomnienia o wszystkich przeszłych czynach lub myślach:

Wszystkie myśli i czyny stają się matrycą, odciskiem, lub formą - jeśli wolisz to tak nazwać - z których powstają rezultaty spowodowane przez przeszłe czyny lub myśli.

Wyniki wszystkich myśli lub czynów docierają do tych, którzy je wywołali. Tak jak echo, wracają do swojego źródła. I, tak jak echo, mogą być silniejsze od pierwotnego czynnika.

Takie właśnie „echo" może czasem Cię przytłoczyć lub nawet zwalić z nóg, kiedy jego siła zostanie wzmocniona przez Prawo Reakcji Łańcuchowej. Niektórzy ludzie mówią w takich sytuacjach, że czyjaś „własna karma go dosięgła" i że „płaci za to, co wcześniej zrobił".

„Nazywamy to Prawem Matryc i Echa - kontynuował. - Jest ono odpowiedzialne za wszystkie zdarzenia odbite w Energii Kosmicznej i następnie ich powracanie do źródeł jako echo. Jest ono ściśle związane z Prawem Przyczyny i Skutku albo Prawem Karmy, jak niektórzy je nazywają. (...)
- Tak więc to właśnie Prawo Matryc i Echa w połączeniu z Prawem Przyczyny i Skutku decydują o tym, czy mamy zostać nagrodzeni czy ukarani za wszystkie nasze uczynki - skonkludowałam.
Mistrz pokręcił głową. - Nie ma żadnych kar ani nagród za cokolwiek. To są pojęcia, koncepcje, wymysły ludzkiego umysłu, który tak to sobie zinterpretował. Rzeczy dzieją się w taki a nie inny sposób, gdyż świat materialny i wszystko, co w nim istnieje podlega prawom składowym Prawa Uniwersalnego dla Materii. To wszystko."

– *„Mistrz i Zielonooka Nadzieja"*

W pewnych okolicznościach matryca stworzona w Energii Kosmicznej może zostać zmieniona, jak każda inna forma.

Jednak tylko ci, którzy już znają prawa dla Materii, na zaawansowanym poziomie mistrzowskim, mogą być w stanie dokonywać takich zmian. Jest to możliwe, i niektórzy Mistrzowie w pewnych szczególnych okolicznościach praktykują to, kiedy uznają, że ich interwencja będzie korzystna. Czasami takie interwencje mogą być postrzegane jako „cuda" lub „wysłuchanie modlitw" przez tych, którzy wiedzą niewiele na temat praw wpływających na Energię Kosmiczną.

Tym niemniej, zmienianie matrycy to coś, w przypadku czego trzeba być bardzo ostrożnym. Nie zaleca się zmieniania niczyjej Karmy bez większej wiedzy na temat wszystkich 7 Mocy i wszystkich Składowych Praw Uniwersalnych dla Ducha (a nie tylko dla Materii). A prawa dla świata duchowego są bardziej skomplikowane niż te dla świata materialnego, o których właśnie zdobywasz wiedzę.

Nieodpowiednia interwencja może ograbić kogoś z doświadczenia wymaganego dla jego rozwoju. Pamiętaj, że bez rozwoju człowiek nie może podnosić swoich wibracji.

Rozwijamy się poprzez doświadczanie siebie.

Unikanie za wszelką cenę konsekwencji swoich myśli/czynów jest niedojrzałe z duchowego punktu widzenia, jako że utrzymuje nas w zaprzeczeniu swojej własnej mocy do wzięcia odpowiedzialności za to, kim jesteśmy.

Każde doświadczenie jest ważne.

Nawet te doświadczenia, które uważamy za nieprzyjemne lub wstydliwe. Nie ma dobrych ani złych zdarzeń – wszystkie zdarzenia mogą być szansami na rozwój.

Zmienianie czyjejś Karmy może zaburzyć rozwój nie tylko tej konkretnej osoby. Wpływa także na innych zgodnie z Prawem Reakcji Łańcuchowej. A to jest coś, co może spowodować długi i czasami nieodwracalny strumień „efektu domina" w Energii Kosmicznej i wpłynąć na ewolucję nawet całego społeczeństwa lub planety.

Ponadto, przerwanie szansy rozwoju byłoby próbą odrzucenia Rozwoju - czyli Drugiej Mocy tworzącej świat (Rozdział 7). Ważne jest, by pamiętać, że potrzebujemy dostrojenia się do wszystkich 7 Mocy na każdym etapie życia, aby zapewnić naszą harmonijną i nieprzerwaną ewolucję.

Prawo Matryc i Echa, tak jak wszystkie Składowe Prawa Uniwersalne, zostało zaprojektowane po to, by pomóc nam się rozwijać jako świadomość, którą jesteśmy, i by zapewnić harmonijne cykle Koła Tworzenia.

Wszyscy jesteśmy częścią jednego pięknego Wielkiego Projektu, który równocześnie jest Wielkim Projektem i Wielkim Projektantem - co oznacza, że Projekt zaprojektował sam siebie.

Wszyscy jesteśmy połączeni i wszyscy mamy szanse na rozwój i włożenie własnego wkładu w to, kim wszyscy możemy się stać. Jak tylko w pełni to zrozumiemy, my jako świadomość, którą jesteśmy, będziemy się dalej rozwijać i trwać w naszym istnieniu, tworząc więcej możliwości dla całego Wielkiego Projektu.

Ósme Składowe Prawo Uniwersalne:

PRAWO NIESKOŃCZONOŚCI

„To znaczy, że nigdy nic się nie zmieni w Świecie Materialnym?
- To zależy - powiedział spokojnie. Natychmiast nadstawiłam uszu, a moje nadzieje błyskawicznie wzrosły.
- Naprawdę? A od czego?
- Od tego, czy wszystkie elementy materii nauczą się stosowania praw i wtedy się od nich uwolnią. Do tego czasu, według ostatniego z praw składowych - nazwanym Prawem Nieskończoności, nic się nie zmieni w Materii i jej cykle będą się powtarzać.
- Powiedz mi coś więcej o tym Prawie Nieskończoności - poprosiłam."

– *„Mistrz i Zielonooka Nadzieja"*

Od wieków różni filozofowie spekulowali na temat natury nieskończoności, która jest uznawana za abstrakcyjne pojęcie opisujące coś, co nie ma granic, nie ma końca i jest większe niż jakakolwiek możliwa do wyobrażenia liczba.

Jak się czujesz lub co sobie wyobrażasz, kiedy w Twoich myślach pojawia się słowo „Nieskończoność"?

Co ono dla ciebie oznacza, oczywiście jeżeli w ogóle coś oznacza?

Czy kiedykolwiek doświadczyłeś/-aś czegokolwiek co spowodowałoby, że zacząłbyś/zaczęłabyś się zastanawiać nad Nieskończonością lub sobie ją wyobrażać?

Żyjemy w skończonym materialnym świecie i wydaje się, że mamy niewiele powodów do zajmowania się takimi abstrakcyjnymi ideami. A jednak kojarzymy siebie z Nieskończonością częściej, niż jesteśmy tego świadomi. Właściwie przez sporą część naszego życia, dopóki się nie zestarzejemy, zachowujemy się i myślimy tak, jakby nasze fizyczne istnienie nigdy nie miało się skończyć. Właściwie trudniejszą rzeczą dla człowieka jest wyobrazić sobie lub stale myśleć o swoim nieistnieniu, niż żyć tak jakby życie miało się nigdy nie skończyć.

Co więcej, kiedy stajemy w obliczu czyjejś śmierci lub nieuleczalnej choroby, większość ludzi jest zszokowana, zdewastowana i często przestraszona, tak jakby było to coś zupełnie nienaturalnego.

Wydaje się, że nieistnienie w świecie fizycznym jest bardziej abstrakcyjne dla ludzkiego Umysłu niż Nieskończoność.

<u>Przyjrzyjmy się pokrótce temu, co na temat Nieskończoności mówili wcześni naukowcy, filozofowie i teologowie:</u>

- Zenon z Elei (490 p.n.e. - 430 p.n.e.) - jako pierwszy wprowadził koncepcję nieskończoności na Zachodzie (chociaż kilka lat przed nim, istniała już idea „bezgraniczności”).

- Pitagoras (570 p.n.e. - 495 p.n.e.) - odkrył irracjonalne liczby - liczby, które ciągną się w nieskończoność.

- Mahawira (599 p.n.e. - 527 p.n.e.), zwany także Wardhamaną - indyjski filozof i założyciel jednej z najstarszych religii świata - Dżinizmu (jej wyznawcy wierzą, że brak przemocy i samokontrola są sposobami na wyzwolenie). Do znanych postaci historycznych praktykujących dżinizm należeli m.in. Martin Luther King, Jr. i Mahatma Gandhi. Mahawira spekulował na temat tego, co trwa bez końca, i na temat prawdziwej bezgraniczności. Wyróżnił także rodzaje nieskończonego: nieskończone w długości, nieskończone w powierzchni, nieskończone w objętości i nieskończone w wieczności.

- Arystoteles (384 p.n.e. - 322 p.n.e.) - argumentował, że istnieje różnica pomiędzy faktyczną a potencjalną nieskończonością: Faktyczna nieskończoność to coś, co jest skończone i określone, a składa się z nieskończenie wielu elementów. Potencjalna nieskończoność to coś, co nigdy nie jest skończone: coraz więcej elementów może być zawsze dodane, ale w każdej dodanej grupie elementów - ich liczba jest określona/skończona.

- Tomasz z Akwinu (1225 - 1274) - filozof, teolog - rozróżniał nieskończoność matematyczną od nieskończoności religijnej/filozoficznej. Twierdził, że interesowała go nie ilość, a jakość istnienia oraz, że sposób istnienia odróżnia Boga od wszystkiego innego, uznając Boga za byt doskonały.

- Mikołaj z Kuzy (1402-1464) - filozof, teolog: wykorzystywał matematykę do opisywania relacji Bóg-świat. Objaśniał, że nieskończone nie ma granic, więc wszystko musi być zawarte w nieskończonym. Bóg jest jak okręg, którego środek znajduje się wszędzie, a którego obwód w związku z tym nie znajduje się nigdzie. Według jego teorii, nic nie może istnieć poza Bogiem.

- Benedykt Spinoza (1632 - 1677) - filozof: w swojej pracy „Etyka w porządku geometrycznym dowiedziona", stwierdził, że jeżeli Bóg jest jedną nieskończoną substancją, nie mogą istnieć inne substancje poza tą. Substancja musi mieć cechy nieskończoności i nie możemy być oddzielnymi bytami, więc musimy być uformowani z jednego. Postrzegał Boga nie jako istotę transcendentalną, ale jako absolutną jedność z przyrodą. Twierdził, że powinniśmy żyć zgodnie z prawami przyrody, aby być częścią tej jednej nieskończonej całości.

Koncepcja Nieskończoności pozostaje wyzwaniem dla filozofów, matematyków i fizyków. Debaty trwają i pojawia się wiele nowych poglądów i teorii naukowych.

Wszystkie główne religie na świecie mówiły o Nieskończoności, w taki czy inny sposób, od tysięcy lat. Religie judeo-chrześcijańskie generalnie wierzą w tego samego nieskończonego Boga. Dotyczy to Judaizmu, Chrześcijaństwa i Islamu, a także innych religii, takich jak Bahaizm czy ruch Rastafari. Niektóre szkoły Buddyzmu opowiadają się za trwającym nieskończenie (wprzód i wstecz) stanem istnienia, bez punktu centralnego, ani żadnego bytu będącego jego podporą.

Przy całej tej różnorodności wierzeń, wiele ludzi znajduje pocieszenie w myśleniu, że ich Dusze przetrwają śmierć fizyczną i będą nadal istnieć albo w niebie albo w jakichś innych niewidzialnych światach, bez względu na nazewnictwo.

Ponadto uważa się, że przeznaczenie Duszy po śmierci fizycznej zależy od zachowania danej osoby podczas jej życia fizycznego. Oznacza to, że skutki Składowych Praw Uniwersalnych (w szczególności Prawa Przyczyny i Skutku, Prawa Pozornego oraz Prawa Matryc i Echa) były obserwowane i rozważane przez założycieli wielu systemów wierzeń, którzy włączyli je do swoich poglądów na temat życia po śmierci. I tak możemy odnaleźć ślady objaśnień Nauk Nadziei na temat Składowych Praw Uniwersalnych w różnych formach rozsiane w tekstach religijnych i starożytnych pismach filozoficznych. Na przykład, jak już wspomniałam w Rozdziale 1, pewne formy definicji Prawa Nieskończoności można znaleźć w Biblii:

Mateusz, wersy 5:17 i 5:18: „Nie sądźcie, że przyszedłem znieść Prawo albo Proroków. Nie przyszedłem znieść, ale wypełnić. Zaprawdę, powiadam wam: Dopóki niebo i ziemia nie przeminą i dopóki się wszystko nie wypełni, ani jedna jota, ani jedna kreska w Prawie nie zmieni się."

Wszyscy podlegamy 8 Składowym Prawom Uniwersalnym - bez względu na to, jak były one interpretowane przez tych, którzy obserwowali ich skutki w świecie materialnym. Prawa zawsze działają i wpływają na nas cały czas, czy jesteśmy tego świadomi czy nie.

Ósme Składowe Prawo Uniwersalne: Prawo Nieskończoności mówi nam, że nic nie może się zmienić w sposobie, w jaki wszystko działa w świecie materialnym, dopóki ostatnia pojedyncza cząsteczka nie przekształci się i nie uwolni się od działania Praw Uniwersalnych.

Oznacza to, że powinniśmy zdawać sobie sprawę z tego, w jaki sposób tworzymy i współtworzymy naszą rzeczywistość, aby żyć takim życiem, jakiego chcemy: szczęśliwym, świadomym i pełnym doświadczeń, które zapewniają nam rozwój.

Nie jest to takie trudne, jak może się wydawać. Wystarczy być świadomym i zwracać uwagę na 8 Praw Uniwersalnych. Mogą nam one pomóc żyć lepszym życiem, jeśli tylko na to pozwolimy.

Jesteśmy tu, na naszej planecie, aby doświadczać i wyrażać siebie w najlepszy możliwy i piękny sposób.

Jesteśmy ludźmi. I nosimy w sobie przyrodzony nam najlepszy potencjał.

I tak długo, jak się rozwijamy i podnosimy częstotliwości swoich wibracji - będziemy trwać jako świadomość, którą jesteśmy.

„Postrzeganie siebie w danym momencie określone jest poprzez własne wspomnienia i oczekiwania - powiedział Mistrz. - Koncepcja siebie samego oparta jest na tym, jakim chcesz pamiętać siebie z przeszłości i jakim oczekujesz się być w przyszłości. (…)
Mistrz skinął głową z uśmiechem. - Zawsze obserwuj swoje intencje „tu i teraz". Naucz się rozumieć i doceniać siebie jako człowieka. Każdy z Was jest bardzo silny. Wszystko, czego potrzebujecie, aby zamanifestować swą wspaniałą moc, to pamiętanie o tym, że już ją macie i używanie jej z miłością."

– *„Mistrz i Zielonooka Nadzieja"*

Rozdział 6

Pozostawanie w Harmonii z Prawem Uniwersalnym

Masz wybór co do tego, jakiej przyszłości dla siebie chcesz, bez względu na to, co działo się z Tobą w przeszłości

„Powzięłaś tę podróż dla dobra swej Duszy. Ani sukces, ani porażka w osiągnięciu celu tak naprawdę nie liczyły się dla Ciebie. Dokonałaś wyboru po to, by korzystać z doświadczeń życia i dalej podnosić swoją świadomość. Celem, który Ci przyświecał, było wypełnienie swego zadania - czyli rozwoju i podniesienia świadomości, a nie uleganie lękom lub zaspakajanie ambicji.

- A więc nasza koncepcja świata jest nie tylko zależna od naszych wcześniejszych doświadczeń, ale i od poziomu naszej świadomości - powiedziałam. - Właściwie to nasza świadomość może unieważnić wszystko inne. Kiedy podnosi się naszą świadomość, automatycznie zmienia się nasza koncepcja świata, nas samych i naszego w nim zadania."

– *„Mistrz i Zielonooka Nadzieja"*

Wraz z rozszerzaniem swojej świadomości naturalnie przychodzi wolność od ograniczeń. Im bardziej jesteśmy świadomi swoich intencji, emocji i rezultatów swoich myśli i czynów, tym bardziej jesteśmy w stanie cieszyć się swoją egzystencją. Możemy pozostać w harmonii z 7 Mocami, możemy dokonywać świadomych wyborów co do swojego życia, zamiast funkcjonować na „automatycznym pilocie", będąc prowadzonym na pasku przez swoje podświadome zaprogramowanie.

Jesteś tutaj, by w piękny sposób doświadczać siebie, tak aby móc rozwijać się aż do osiągnięcia pełni swojego potencjału w tym życiu. Jesteś tutaj, by cieszyć się doświadczaniem, tak aby kontynuować podnoszenie częstotliwości swoich wibracji. 7 Mocy jest po to, by pomóc Ci na Twojej drodze, tak abyś mógł/mogła wykorzystać swój potencjał dla dobra wspólnej Ewolucji.

Brak harmonii z 7 Mocami ma swoje konsekwencje, gdyż tak jest skonstruowany Wielki Projekt:

Twój system czakr jest bezpośrednio powiązany z 7 Mocami i pozostaje w równowadze tylko wtedy, kiedy jesteś z Mocami w harmonii. Każda czakra „komunikuje" się z jedną z Mocy.

W rozdziale 2 (fragment z *„Mistrza i Zielonookiej Nadziei"*) dowiedzieliśmy się, że wirujące czakry są jak „generatory" dla naszych własnych wibracji, a równocześnie mają służyć jako „wrota" lub „odbiorniki" dla wibracji innych. Pozwalają one na wpływanie i wypływanie Energii Kosmicznej i innych fal Energii, takich jak np. świadomość czy podświadomość.

Wszelkie zakłócenia w czakrach powodują nieprawidłowe funkcjonowanie systemu i bezpośrednio wpływają negatywnie na Twoje życie.

Kiedy czakra ulega uszkodzeniu, zwykle z powodu „odbierania" wibracji o niskiej częstotliwości - możesz sobie wyobrazić to uszkodzenie jako „przedziurawienie" - wówczas cały system próbuje dokonać samonaprawy i produkuje coś w rodzaju „kleistej"/„lepkiej" Energii, by wypełnić „dziury".

Niestety, aby ta samonaprawa była skuteczna, ta Energia musi być bardzo gęsta i dlatego też ma bardzo niską częstotliwość wibracji.

Nazywamy tę Energię „Cieniami" i mówimy, że mieszkają one w podświadomości - dlatego też ta „kleista"/„lepka" Energia bezpośrednio wpływa na naszą podświadomość. Wpływ wibracji o niskiej częstotliwości, jaką charakteryzują się Cienie, na życie danej osoby i jej Ewolucję jest ogromny, gdyż około 90% naszych przekonań, emocji, nawyków, mechanizmów obronnych, automatycznych reakcji, wyobrażeń, intuicji itp. jest kontrolowane przez podświadomość.

Pomyśl o całym bólu i cierpieniu na planecie: są one spowodowane tym, co wywodzi się z mocno dysfunkcyjnych czakr osób, które stały się „gospodarzami" dla Cieni gnieżdżących się w ich podświadomości. Kontrolowani przez nie „gospodarze" nie mogą już dokonywać świadomych wyborów. Zamiast tego są oślepieni i prowadzeni przez swoje Ego z jego lękami, chciwością i złością. (Nasze Ego zawsze przejmuje kontrolę, kiedy pojawiają się wibracje o niskiej częstotliwości. Dzieje się tak dlatego, że jest ono skupione na naszym przetrwaniu w świecie fizycznym, zaś wibracje o niskiej częstotliwości służą naszemu pędowi do zapewnienia sobie przetrwania, w tym walki o bezpieczeństwo w życiu, autorytet/status, środki finansowe itp. Więcej szczegółów na temat Ego i jego roli w Rozdziale 7). Ludzie, którzy są kontrolowani przez swoje podświadome Cienie, nigdy nie osiągają szczęścia, bez względu na to, ile sukcesów i dóbr materialnych zdobędą, a ponadto przyczyniają się do cierpienia innych. A także, oczywiście, ze względu na to, że się nie rozwijają, świadomość, którą są, wcześniej czy później przestanie istnieć.

Co możemy z tym zrobić?

Cieni, będących częścią całego systemu, nie można pokonać ani zniszczyć. Mogą być one jedynie poddane transformacji, tj. ich wibracje o niskiej częstotliwości mogą być przekształcone w wibracje o wysokiej częstotliwości. (Możesz dowiedzieć się, jak to jest możliwe i poznać „Banerową Metodę Transformacji Cieni" na mojej oficjalnej stronie w zakładce Organizacja H.O.P.E. w dziale „Warsztaty i Szkolenia").

Co się dzieje, kiedy nie jesteśmy w harmonii z Pierwszą Mocą:

Prawo Uniwersalne jest powiązane z pierwszą czakrą, nazywaną także „czakrą podstawy" (albo „korzenia" lub „korzeniową").

Niektórzy ludzie mówią, że jest ona zlokalizowana na dole naszego kręgosłupa i, chociaż nie jest to ściśle precyzyjne - jako że czakry nie są faktycznie związane z ciałem fizycznym w ten sposób - w celu wyobrażenia sobie systemu czakr możemy przyjąć, że tam właśnie się znajduje.

Kiedy Pierwsza Moc nie jest w stanie swobodnie przepływać przez Twoją „czakrę podstawy" możesz odczuwać różne symptomy. Na przykład wielu uzdrowicieli zaobserwowało, że nieprawidłowe funkcjonowanie pierwszej czakry jest związane z niewydolnością nerek, problemami z kręgosłupem, chorobami autoimmunologicznymi, nowotworami, AIDS, artretyzmem, chorobą zwyrodnieniową stawów, otyłością, zespołem chronicznego zmęczenia itp.

Dodatkowo, możesz mieć problemy związane z bezpieczeństwem i przetrwaniem, a także mogą Tobą kierować podświadome lęki na temat przetrwania.

Kluczowym w tej sytuacji jest zaprzestanie skupiania się na problemach, ranach emocjonalnych, traumach ze swojej przeszłości.

Masz wybór co do tego, jak chcesz by wyglądała Twoja przyszłość, bez względu na to, co działo się z Tobą w przeszłości.

Możesz znaleźć narzędzia, które pomogą Ci usunąć negatywne blokady ze swojej podświadomości (najlepszymi narzędziami są medytacje prowadzone, codzienne afirmacje i nagrania MP3 zawierające pozytywne wiadomości podprogowe). I oczywiście transformacja twoich Cieni pomoże Ci dodatkowo rozwijać się i podwyższyć częstotliwość swoich wibracji.

Co może pomóc nam zrównoważyć swoją „czakrę podstawy":

- Aktywność fizyczna, masaż, ogrodnictwo

- Unikanie czytania/oglądania książek/filmów akcji i wiadomości telewizyjnych skupiających się na dramatycznych/niepokojących, mocno poruszających czy też tzw. „podwyższających ciśnienie" wiadomościach

- Słuchanie muzyki plemiennej z Afryki, Ameryki, Australii, Oceanii

- Słuchanie gry na/granie na fagocie, aborygeńskiej tubie, prymitywnych bębnach

- Słuchanie częstotliwości solfeżowych 396 HZ (wykorzystywanych w leczeniu dźwiękiem)

- Wakacje/wycieczki: Afryka, Ameryka, Australia, Oceania

- Rozrywka: koncerty rodzimych/rdzennych plemion z różnych części świata, filmy dokumentalne na temat plemion, przyrody;

- Zbieranie rdzennej sztuki z Afryki, Ameryk, Australii, Oceanii

- Czytanie książek i oglądanie filmów z historiami/fabułami dotyczącymi związku ludzi z ich ziemią, planetą Ziemią, pochodzenia/korzeni ludzkości

- Wszystko inne, co możesz uznać za pomocne dla zrównoważenia swojej „czakry podstawy": konkretne rodzaje jedzenia, przypraw, kamieni, metali lub zapachów (aromaterapia). Dużo informacji można znaleźć we właściwych książkach i artykułach. Niektórzy ludzie zgłaszają się także po pomoc do naprawdę dobrego/wiarygodnego Mistrza Reiki, bioenergoterapeuty lub jakiegoś innego uznanego/sprawdzonego uzdrowiciela

Wewnętrzna Podróż

OTWIERANIE SWOJEJ „CZAKRY PODSTAWY" NA PRZEPŁYW PRAWA UNIWERSALNEGO

Ułóż się wygodnie - najlepiej w pozycji leżącej. Jeśli jesteś już gotowy/-a, zrób kilka głębokich oddechów.

Krok 1:

Za chwilę poproszę Cię o zamknięcie oczu, a następnie o otworzenie ich z powrotem, by czytać dalej, kiedy już wyobrazisz sobie taką sytuację:

A: Komfortowo unosisz się w powietrzu w pozycji poziomej, zaledwie kilka centymetrów nad łóżkiem, kanapą lub podłogą - gdziekolwiek obecnie jesteś. Jest to bardzo przyjemne i kojące uczucie.

B: Podczas tego unoszenia, stajesz się coraz bardziej świadomy/–a otaczającej Cię Energii Kosmicznej. Z każdym powolnym wdechem, czujesz jak obejmuje ona całe Twoje Ciało, niczym łagodna, kojąca fala.

C: Po kilku oddechach dodaj do tego uczucia taki obraz: łagodna fala obejmująca Twoje Ciało „utworzona jest" z białego światła. Teraz z każdym powolnym wdechem, nie tylko odczuwasz, ale też i widzisz Energię Kosmiczną jako falę białego światła.

D: Kontynuuj ten proces jeszcze przez chwilę, licząc teraz w myślach każdy oddech - od 10 do 1.

Przeczytaj powyższe kroki tyle razy, ile chcesz. Nie ma pośpiechu. Wszystko jest dobrze. Zamknij oczy i otwórz je ponownie, kiedy ukończysz zadanie.

Zamknij oczy TERAZ.

***

Dobrze. Otworzyłeś/-aś oczy. Oddychaj powoli i głęboko.

Oto, co masz zrobić dalej:

KROK 2:

Za chwilę zamkniesz oczy, by wyobrazić sobie sytuację opisaną poniżej, po czym otworzysz oczy, by kontynuować czytanie.

A: Nadal unosisz się w powietrzu. Teraz wyobraź sobie, że u podstawy Twojego kręgosłupa znajduje się piękny, błyszczący „wir", także utworzony z białego światła. Skup się na nim i pozwól mu równomiernie wirować zgodnie z ruchem wskazówek zegara.

B: Wyobraź sobie, że ten wir zaczyna „wirować" szybciej oraz, że przyciąga strumień jasnego białego światła, ale jeszcze innego niż Energia Kosmiczna obejmująca Twoje Ciało.

C: Strumień białego światła powoduje, że „wir" na dole Twojego kręgosłupa lśni coraz jaśniej. Daje Ci to poczucie bezpieczeństwa i nieograniczonej wolności.

D: Pozwól trwać temu pięknemu procesowi, podczas gdy Ty będziesz powtarzać w swoim Umyśle:

„Pozostaję w harmonii z Prawem Uniwersalnym. Z radością przyjmuję jego dary i cenię jego mądrość. Tak, jestem już gotowy/-a na to, by docenić moją własną Moc i przeżyć swoje życie w najpiękniejszy sposób."

Napawaj się tą chwilą tak długo, jak chcesz. Poczuj swoją własną Moc i wiedz, że możesz zmienić swoje życie jakkolwiek chcesz, oczywiście pozostając w harmonii z Prawem Uniwersalnym.

Przeczytaj powyższe kroki tyle razy, ile chcesz. Nie ma pośpiechu, gdyż wszystko dzieje się dokładnie tak, jak ma być. Wszystko jest dobrze.

Zamknij oczy i otwórz je ponownie, kiedy ukończysz zadanie.

Zamknij oczy TERAZ.

***

Dobrze. Otworzyłeś/-aś oczy. Możesz teraz przestać czytać i wrócić do tych stron później. Możesz też czytać dalej, jeśli to wydaje Ci się bardziej naturalnym dla Ciebie wyborem. Ty sam/-a najlepiej wiesz, co jest najbardziej zgodne z Twoim własnym rytmem.

WZMACNIANIE SWOJEJ MOCY POPRZEZ DOSTROJENIE SIĘ DO PRAWA UNIWERSALNEGO

Kiedy podejmujesz decyzje na temat swojego życia, nikt nigdy nie ma nad Tobą władzy, bez względu na to, czy jest Twoim dobroczyńcą czy też złoczyńcą.

Ty i tylko Ty, w każdym momencie decydujesz, jak kształtować swoje doświadczenie w świecie fizycznym.

I im bardziej jesteś w harmonii z 7 Mocami, tym więcej wpływu masz na swój własny los, zarówno w tym życiu, jak i w innych możliwych życiach.

Oto krótka historia opisująca wyobrażoną sytuację.

Proszę przypomnij sobie wszystko, czego się nauczyliśmy o 8 Składowych Prawach Uniwersalnych, ponieważ zostaniesz poproszony/-a o ocenę sytuacji i podjęcie decyzji na końcu na podstawie tej wiedzy:

Wyobraź sobie, że stoisz w sali sądowej

Przed Tobą znajduje się mężczyzna lub kobieta, który/–a popełnił przestępstwo. Przestępstwo było aktem przemocy, zaś Ty byłeś/-aś Ofiarą tego Złoczyńcy. Nie doznałeś/-aś żadnych obrażeń ciała, jednak gdyby Złoczyńca odniósł sukces, zabiłby/–aby Cię.

Teraz toczy się proces tego Złoczyńcy, natomiast Ciebie powołano na Sędziego.

Wyobraź sobie, że w sali sądowej siedzi kilka osób. Są oni publicznością. Zebrali się tutaj, by nauczyć się od Ciebie o wielkiej mądrości i mocy Prawa Uniwersalnego. Wszystko, co powiesz i zrobisz na tej sali sądowej będzie prezentacją tego, jak działają Składowe Prawa Uniwersalne.

Patrzysz na Złoczyńcę. On lub ona w milczeniu obserwuje Cię, czekając na Twój werdykt. Nie udało mu/jej się Ciebie zabić, a teraz losy Was obojga zależą od Twojej decyzji. Pamiętaj także, że nie jesteś zupełnie poza zasięgiem niebezpieczeństwa, jako że ta osoba może zaatakować Cię ponownie.

Masz tylko dwie możliwości wyboru na tej sali sądowej: możesz albo przebaczyć Złoczyńcy i w ten sposób stać się jego/jej nauczycielem lub możesz ukarać tę osobę, zabijając ją.

Proszę zauważ, że z punktu widzenia logiki duchowej, nie ma różnicy pomiędzy skazaniem kogoś na śmierć, a faktycznym zabiciem tej osoby.

Dlatego też do celów tego ćwiczenia nie dajemy Ci do wyboru opcji skazania tej osoby na śmierć, a jedynie zabicie jej.

Jeśli zdecydujesz się zabić Złoczyńcę, możesz być w stanie pozbyć się swojego lęku, złości i bezpośredniego zagrożenia. Tym niemniej stworzysz dalszą, karmiczną więź z tą osobą i będziecie musieli spotkać się znowu i znowu. W jakichś innych czasach, miejscach, okolicznościach - być może w innych możliwych życiach.

Dzieje się tak z powodu działania Prawa Przyczyny i Skutku, Prawa Reakcji Łańcuchowej, Prawa Skierowanego do Siebie, Prawa Matryc i Echa oraz Prawa Nieskończoności.

Na podstawie Twojej decyzji o ukaraniu tej osoby poprzez jej zabicie - Prawo Nieskończoności będzie wspierać karmiczną więź pomiędzy Tobą a Złoczyńcą. Będziecie niejednokrotnie reinkarnować się razem i powtarzać wzorzec wzajemnej zależności opartej na lęku, złości i różnych formach zagrożenia. (Dzieje się tak dlatego, że zgodnie z Prawem Nieskończoności dla Materii to, co nie przekształca się, pozostawiając za sobą Iluzję Materii, trwa nadal w Iluzji Materii. Twój czyn zabicia Złoczyńcy nie przekształci jakości wibracji, która istnieje w więzi pomiędzy Tobą a tym człowiekiem).

Jeżeli zdecydujesz się przebaczyć Złoczyńcy i stać się jego/jej nauczycielem, będziesz odpowiedzialny/-a za rozwój tej osoby w obecnym życiu. Oznacza to, że będziesz go/ją uczyć pewnych lekcji, które pomogą mu/jej się rozwinąć, równocześnie uwalniając się od dalszych karmicznych więzi z tą osobą.

Dzieje się tak z powodu Prawa Przyczyny i Skutku, Prawa Początku, Rozwoju i Przemijania, Prawa Pozornego, Prawa Skierowanego do Siebie oraz Prawa Matryc i Echa. Prawo Nieskończoności nie będzie przedłużać Twojej karmicznej więzi ze Złoczyńcą w tym przypadku, a Twoje doświadczenie będzie ukończone.

Pamiętaj, że przebaczenie nie gwarantuje Ci, że Złoczyńca nie spróbuje ponownie Cię zaatakować. Jednak zdecydowanie uwolni Cię od powtarzania wzorca wzajemnej zależności opartej na lęku, złości i zagrożeniu i nie będziesz musiał/-a spotkać tej osoby w innych możliwych życiach. Oczywiście, stanie się tak wyłącznie, jeżeli Twoje przebaczenie będzie pochodzić z serca, a nie z lęku przed przedłużeniem karmicznych więzi ze Złoczyńcą i jego konsekwencji (przypomnij sobie Prawo Pozorne).

Podchodzisz do Złoczyńcy, który/-a oczekuje na Twoją decyzję. Zakładasz, że jesteś w tym momencie bezpieczny/-a, gdyż prawdopodobnie nie zaatakuje Cię podczas rozprawy. Jednak czujesz się niepewnie.

Patrzysz w jego/jej oczy. Wyobrażasz sobie, że - tak jak w lustrze - możesz zobaczyć w oczach tej osoby ten sam lęk, który skrywa się w Twoich oczach.

Przypomnij sobie, że to co dzieje się w Twoim życiu, nigdy nie jest karą ani nagrodą. Wszystko, co robimy lub myślimy, podlega składowym Prawa Uniwersalnego. Nic więcej.

Nie musisz nikogo zadowalać swoją decyzją i nie będziesz osądzany/-a za to, co zdecydujesz. Masz wybór i wszystko, co w tej chwili robisz to nauka i rozwój. To samo ma zastosowanie do Twojej publiczności na tej sali sądowej. Uczą się z Twoich działań i myśli. I bez względu na to, co teraz wybierzesz, będzie to po prostu demonstracją tego, jak działa Prawo Uniwersalne.

Wkrótce poproszę Cię, żebyś przestał/-a czytać i zrobił/-a sobie przerwę, by zastanowić się nad tym tak długo, jak potrzebujesz.

Bądź ze sobą szczery/–a, bez względu na to, jaką decyzję podejmiesz. Dokonaj decyzji, kiedy będziesz gotowy/-a i wróć do tych stron potem. Przestań czytać TERAZ.

***

Dobrze. Jesteś z powrotem, więc decyzja została podjęta. W tej wyobrażonej historii, Twoja decyzja będzie miała wpływ na Twoje obecne życie i inne możliwe życia, w zależności od tego, jakiego wyboru dokonałeś/-aś. Bez względu na to, jaka jest Twoja decyzja, nie ma tu żadnego błędu. Zyskałeś/-aś duchową mądrość i nauczyłeś/-aś się swojej Mocy nad własnym losem.

Ćwiczenie zostało ukończone.

Zrelaksuj się teraz i zrób głęboki oddech. Wszystko jest dobrze. Wszystko jest dokładnie tak, jak ma być.

Przez kilka następnych dni zastanów się nad swoją Mocą i nad tym, jak chciał(a)byś dalej wyrażać się w życiu:

Czego tak naprawdę chcesz? Czego tak naprawdę potrzebujesz? Zauważ, że świat fizyczny, pomimo tego, że jest Iluzją, daje nam możliwości rozwoju i poszerzania naszej wizji siebie.

Kiedy zaczniesz postrzegać to, co jest wokół Ciebie, jako to, czym faktycznie jest - czyli Iluzją, będziesz mógł/-a prawdziwie i świadomie cieszyć się swoim życiem fizycznym, będąc w harmonii z 7 Mocami wspierającymi i prowadzącymi Cię na Twojej drodze rozwoju.

Możesz teraz zastosować swoją wiedzę na temat 8 Składowych Praw Uniwersalnych do jakiejkolwiek sytuacji w swoim życiu, bez względu na to, czy dotyczy ona spraw osobistych czy jest związana z biznesem, sztuką, polityką itp.

8 SKŁADOWYCH PRAW UNIWERSALNYCH:

Prawo Przyczyny i Skutku / Przyczyny i Rozwiązania
Prawo Początku, Rozwoju i Przemijania
Prawo Integracji i Ekspansji
Prawo Pozorne
Prawo Reakcji Łańcuchowej
Prawo Skierowane do Siebie
Prawo Matryc i Echa
Prawo Nieskończoności

Rozdział 7

Drugą Mocą Jest Rozwój

Rozwój jest hojną Mocą

Zawsze zapewni Ci dokładnie to, na co jesteś gotowy/-a i czego potrzebujesz

Za każdym razem, kiedy zrobisz kolejny krok w swoim rozwoju, Wszechświat wynagradza Cię i w Twoim życiu otwiera się kolejny poziom. Możesz zdobyć nowe umiejętności, rozwinąć nowe talenty lub moce, czy też doświadczyć czegoś niespodziewanego.

Poczyniłeś/-aś postępy, więc otrzymałeś/-aś dary, które pomogą Ci kontynuować Twoją podróż - A TAKŻE - otrzymałeś/-aś dary i w ten sposób poczyniłeś/-aś postępy.

Mówi się, że nic nie może się zmienić w prawach dla świata materialnego dopóki wszystkie cząsteczki nie ulegną transformacji i nie przekształcą się w inną formę. I faktycznie Wszechświat, jaki znamy obecnie, nie ma pozostać taki sam przez całą wieczność. Zmieni się jego forma, a jego gęste pole Energii zostanie przekształcone w wibrację o wyższej częstotliwości.

Taki jest Wielki Projekt i tak właśnie zawsze się dzieje ze wszystkimi Wszechświatami. A dzieje się tak dzięki udziałowi w Cyklicznym Kole Tworzenia Drugiej spośród 7 Mocy, zwanej Rozwojem.

Pomimo tego, że mechanizmy Pierwszej Mocy - Prawa Uniwersalnego - w świecie materialnym różnią się zwykle od swoich odpowiedników w świecie duchowym, to w przypadku Rozwoju jest inaczej - wpływa on na oba te światy w podobny sposób. Oznacza to, że od wszystkich cząsteczek w świecie materialnym i w świecie duchowym oczekuje się rozwoju poprzez podnoszenie częstotliwości swoich wibracji. (W tej książce koncentrujemy się jednak na mechanizmach 7 Mocy dla Materii.)

Rozwój oznacza penetrację, przenikanie.

Kiedy coś przenika/wnika w Prawo Uniwersalne, następuje harmonijna i naturalna ewolucja.

I taka właśnie ewolucja jest prawdziwym Rozwojem.

Rozwój odbywa się w naturalny sposób. Nieustanne zmiany, jakie możesz zaobserwować w swoim własnym życiu, są skutkiem działania Drugiej Mocy tworzącej świat materialny - Rozwoju.

Ponieważ Rozwój odbywa się w zgodzie z tym, kim jesteś w danym momencie, nie ma żadnych pomyłek ani żadnych twardych zasad podczas własnej przemiany i poszerzania swojej świadomości. Wszystko dzieje się w harmonii z Twoim własnym rytmem rozwoju osobistego.

„Są dwie opcje, jak można żyć świadomie i szczęśliwie, Hermenethre - odezwał się Mistrz, patrząc mi głęboko w oczy. - Pierwsza: zaufaj swojej Duszy i zaakceptuj swoje życie. Druga: możesz ćwiczyć Umysł, aby sprawnie poruszał się w Świecie Duchowym i dokonał wyborów nie do odparcia dla Twojej Duszy.
Skinęłam głową, rozmyślając nad tym.
W obu przypadkach musiałam zaakceptować cel mojej Duszy jako najwyższy priorytet. I starać się jej nie oszukać za pomocą Umysłu tylko po to, aby zaspokoić pragnienia zmysłów. Zamiast tego musiałam się dostosować do pragnień Duszy. Dopiero wtedy mogłabym ucieleśniać Nieskończoną Moc, nie potrzebując już „papierowej torby", aby stworzyć latarenkę „Papierowej Mocy"."

– *„Mistrz i Zielonooka Nadzieja"*

Prawdziwe zrozumienie świata materialnego i jego zasad nie odbywa się wyłącznie na poziomie intelektualnym.

Poszanowanie mechanizmów i dostrojenie się do Siedmiu Mocy, które tworzą ten świat, prowadzi do prawdziwego zrozumienia Cyklicznego Koła Tworzenia.

Będąc w harmonii z Mocą Rozwoju, stopniowo uczysz się, jak świadomie korzystać z Iluzji świata materialnego na potrzeby własnego rozwoju:

Każde doświadczenie staje się dla Ciebie szansą na rozwój, a Ty możesz wybierać kolejne doświadczenie bez dopuszczania swojego Ego i Umysłu do kontrolowania okoliczności lub unikania ich z powodu dyskomfortu czy pragnień Ciała lub Emocji. Jesteś w stanie zaakceptować to, co jest, lub dokonywać zmian w Iluzji (rzeczywistości materialnej) - a wszystko to w celu podnoszenia częstotliwości swoich wibracji.

***

Chciałabym poprosić Cię teraz o zrobienie głębokiego wdechu, a następnie spokojnego wydechu.

Dobrze. To ważne, by być obecnym (świadomym siebie) także w swoim Ciele, kiedy się czyta, pisze lub wykonuje zadania czysto umysłowe.

Koncentrowanie się od czasu do czasu na swoim oddechu pomaga skupić się na obecnej chwili (czyli byciu świadomym siebie tu i teraz), podczas doświadczania siebie za pomocą Umysłu.

***

„Widzisz - usłyszałam głos Mistrza - w wieczności jedyną rzeczą, której jest się świadomym jest pojedyncza chwila. Bez historii, bez obciążenia, bez bagażu z przeszłości. Bez przyszłości, która jest znana bądź przewidywana. Tak jakby istniał jedynie ten moment, wypełniony niekończącymi się, niezwykle interesującymi możliwościami.
- Jakimi na przykład? - zapytałam.

- To jest całkowicie zależne od Ciebie - odpowiedział. - Cokolwiek chcesz wybrać.”

– *„Mistrz i Zielonooka Nadzieja”*

Twoja Dusza, która podlega mechanizmom Wieczności dla Ducha, potrzebuje ciągłego podnoszenia swoich wibracji, aby być częścią nieskończonego efektu perpetuum mobile w ramach Wieczności dla Ducha (jest to jedno z praw dla świata duchowego). Tak działa Wielki Projekt.

Nie ma wyjątków od tej zasady i, jak już wiesz, co się nie rozwija, automatycznie „zostaje w tyle”, zaniżając swoją wibrację i narażając swoje wieczne istnienie. I tak Dusza, która się nie rozwija, tak jak każda inna wibracja, przestaje istnieć.

Świadomość, którą jesteś, to nie to samo co Twoja Dusza.

Niektóre systemy wierzeń mylnie definiują Duszę człowieka jako rdzeń jego istnienia. Pomimo tego, że Dusza może funkcjonować samodzielnie w świecie duchowym, podczas gdy Ciało nie - jednak Dusza nie jest wcale tym, kim tak naprawdę jesteś. Jest to tylko jedna z „form” lub „narzędzi”, którymi świadomość posługuje się w celu doświadczania siebie.

Ewolucja Twojej Duszy jest bardzo istotnym procesem, gdyż przyczynia się do ewolucji świadomości, którą jesteś.

Celem Twojej Duszy jest pozwolić świadomości, którą jesteś, doświadczać siebie poprzez Iluzję Materii i Ducha w procesie ciągłego rozwoju.

A Druga Moc - Rozwój - pomaga Ci zrealizować ten cel.

Ci, którzy zaniedbują swój rozwój, działają de facto przeciwko swojemu przeznaczeniu.

Twoje obecne fizyczne życie nie jest przypadkiem ani pomyłką. Kiedy przeżywasz je świadomie i w pełni, poszerzasz swoją wizję tego, kim jesteś i tego, kim się staniesz.

To właśnie dlatego potrzebujesz doświadczania i wyrażania siebie w przeróżnych aspektach i sytuacjach: miłych, niemiłych, łatwych, trudnych, interesujących, wymagających, relaksujących itp. (Zauważ, że nie uważamy ich ani za „dobre", ani za „złe").

Każda chwila Twojego życia może mieć diametralny wpływ na Twój rozwój.

Każdy dzień to dar, jaki ofiarujesz samemu sobie.

Życie fizyczne w świecie materialnym uważa się za wspaniałą szansę na znaczne poniesienie częstotliwości wibracji świadomości, którą jesteś (jak i Twojej Duszy).

A oto powód:

Doświadczając siebie w świecie materialnym, świadomość, którą jesteś, przybiera formę składającą się z „Zespołu", który ma pięciu członków: Ciało, Umysł, Emocje, Ego i Duszę.

Kiedy taki „Zespół" osiągnie odpowiednią częstotliwość w rejonie wyższych wibracji, Dusza staje się jego najbardziej wpływowym członkiem.

Oznacza to, że może szybko zmieniać inne wibracje, które znajdą się blisko jej „Zespołu”. „Zespół” o wysokich wibracjach wywiera wpływ na inne „Zespoły”, z którymi ma kontakt. (Pomyśl o wielkich liderach lub nauczycielach, którzy wywierali wpływ na masy swoimi wibracjami o wysokich częstotliwościach, lub o innych „wysoko rozwiniętych świadomościach” - jeśli taką nazwę dla nich preferujesz.)

Chociaż Dusza może mieć największy wpływ na „Zespół” na pewnym etapie, nie zmienia to faktu, że każdy z członków „Zespołu” może znacznie podnieść częstotliwość wibracji całego „Zespołu” (w tym także Duszy).

„ tak właśnie odkryłam piękną, ważną tajemnicę. Podobnie jak Ego może mieć wpływ na wibracje Duszy, obniżając je - tak samo Dusza może mieć wpływ na Ego i podnieść jego wibracje. Co więcej, wszyscy członkowie Zespołu mogą mieć wpływ na pozostałych: Ciało - poprzez zdrowy styl życia lub seks tantryczny, może podnieść swoją wibrację i dalej wpłynąć na wibrację całego Zespołu. Emocje - gdy zabliźnione zostaną rany na poziomie podświadomości i nie ma już lęków przed tym, że znów zostaniemy zranieni, czy nawet unicestwieni - wibracje naszych radosnych, łatwiej akceptujących z miłością siebie, innych i cały świat Emocji - będą wysokie. Ego - poprzez wykonywanie swej funkcji, gdy jest „zatrudnione” czymś odpowiednim dla niego - będzie zapewnione o naszej wartości, zadowolone, zdrowe, niestarające się niczego kontrolować. Umysł - gdy wypełniony jest pomysłami, ideami o wysokiej jakości intencji, myślami wolnymi od urojeń - jest w stanie dostrzec prawdę i nie dać zmylić się Iluzji.

(...) Skinęłam głową. Zrozumiałam, że zanim nauczę Umysł, jak poruszać się w Świecie Duchowym oraz dokonywać wyborów dla Duszy, muszę mieć pewność, że mój Zespół wibruje z naprawdę wysoką częstotliwością. W przeciwnym razie moje Ego będzie podszeptywać Umysłowi, skłaniając go do dokonywania wyborów spełniających jego potrzeby, ignorując to, co jest przeznaczeniem mej Duszy."

– *„Mistrz i Zielonooka Nadzieja"*

Kiedy już wejdzie się na ścieżkę świadomego rozwoju, będąc w harmonii z Drugą Mocą, Rozwojem - bardzo ważną rzeczą jest to, by zwracać uwagę na swoje Ego,

Z punktu widzenia Nauk Nadziei postrzegamy Ego jako energię bezpośrednio powiązaną z Potęgą Istnienia, wyrażającą się w określony sposób w świecie fizycznym.

Potwierdza ono Twoją tożsamość, umacnia indywidualność, unikalność i tworzy granice konkretnie dla Ciebie. Dokonuje rozróżnienia pomiędzy światem wewnętrznym a światem zewnętrznym, zapewnia kategoryzację i organizację w Twojej percepcji. Ego analizuje sytuacje jako niosące zagrożenie lub korzyści, opierając swoje konkluzje na możliwych skutkach i zasobach, jakie wykorzystuje do funkcjonowania w świecie fizycznym.

To właśnie dlatego silnie reaguje na obrazę, zniszczenie lub uszkodzenie nabytych lub wyprodukowanych dóbr, a także wyzwania dla swoich nawyków mentalnych, emocjonalnych lub fizycznych.

Ważne jest, by zapamiętać, że Ego nie doświadcza niczego bezpośrednio, że funkcjonuje za pośrednictwem koncepcji i symboli wy-

nikających z wytycznych ustanowionych przez to, co cenisz lub w co wierzysz. (Dlatego właśnie ma taki ogromny wpływ na podświadomość, która działa w oparciu o język symboli.)

Ego wyraża się jako powtarzający się wzór. Lubi powtarzanie zdań takich jak „Właśnie taką jestem osobą" lub „Jestem takim rodzajem mężczyzny/kobiety". Taka ciągłość daje Ego poczucie stabilności i bezpieczeństwa, wzmocnione poprzez Twoje wspomnienia, wizerunek samego siebie lub nawyki.

Ego łatwo może nadużywać naszego Umysłu do uzasadniania, racjonalizowania i planowania swoich działań poprzez manipulację, oszustwo, przymus, złudzenia i fałszywe ambicje. Aby lepiej zrozumieć fałszywe ambicje, weź pod uwagę to, że Twoje ambicje nie są Twoim celem.

Aby odnaleźć swój prawdziwy cel i pozostać w harmonii z Drugą Mocą - Rozwojem, należy oddzielić swoje Ego od swoich talentów i pasji.

Nigdy nie wierz, że jesteś od innych mądrzejszym czy lepszym człowiekiem, lepszym przedsiębiorcą, artystą bądź liderem. Jeśli złapiesz się na takich myślach, skoryguj je natychmiast.

Rób to, co robisz, dla samej przyjemności robienia tego, a nie dla jakiejkolwiek gratyfikacji. Jeśli pozwolisz swojemu Ego przejąć kontrolę, zaczniesz uganiać się za honorami i pieniędzmi lub szukać satysfakcji w przygodnych romansach. Osoba, której życiem kieruje Ego, jest wiecznie nienasycona: nigdy nie zaznaje spełnienia, odpoczynku i szczęścia.

Pamiętaj także, że jeśli próbujemy całkowicie pozbyć się swojego Ego, może ono łatwo wdziać przebranie fałszywej duchowości lub skromności.

Cokolwiek pozwala Ego poczuć się lepiej staje się jego narzędziem. Nawet duchowość czy skromność może stać się instrumentem w rękach Ego, jeżeli tłamsisz je, by stać się „lepszym". Zrobi dla Ciebie wszystko, by pomóc Ci poczuć się „lepiej" na własny temat.

Nie możesz pozbyć się swojego Ego, gdyż jest ono częścią Twojej własnej energii tak długo, jak żyjesz w ciele fizycznym.

Na tym polega ciężar naszego Ego.

Istnieje jednak zdrowy i skuteczny sposób na poradzenie sobie z własnym Ego:

Pozwól mu pocieszać Cię, kiedy wątpisz i tracisz wiarę we własne siły. Pozwól, by mówiło do Ciebie: „Możesz to zrobić! Dawaj! Dalej! Dasz radę!".

Kiedy pozwolisz swojemu Ego, by wykonywało swoją pracę w zdrowy sposób, będzie ją wykonywać chętnie i z zaangażowaniem. Nie siejąc zamieszania na Twojej ścieżce, na Twojej drodze do prawdziwego celu.

Cheerleaderka, a nie główny gracz w drużynie - oto najlepsza funkcja, jaką możemy przydzielić swojemu Ego, jeśli chcemy, by nasz Zespół zdrowo funkcjonował.

Ego może istnieć wyłącznie w świecie fizycznym. Nie ma dla niego miejsca ani celu w świecie duchowym. Dlatego tak bardzo próbuje utrzymać Cię w świecie materialnym i uzyskać władzę.

Iluzja Mocy daje mu wytchnienie od lęku przed unicestwieniem. To właśnie dlatego jest tak zmotywowane, by przeć naprzód, by manifestować się jako siła. Napędza je lęk przed śmiercią.

Ego, wskutek pełnienia zdrowej dla niego funkcji - „zatrudnione" jako nasza cheerleaderka, będąc pewne swojej wartości i usatysfakcjonowane - nie będzie dążyło do przejęcia kontroli.

Stanie się naszym dobrym przyjacielem, nieocenionym pomocnikiem, właśnie wtedy, gdy będziemy go najbardziej potrzebować.

Na tym polega dar naszego Ego.

Kiedy jesteś w harmonii z Drugą Mocą - Rozwojem, uzmysławiasz sobie, że nie można tego, co zrobiłeś/-aś ze sobą i swoim życiem, podzielić na „właściwe" i „niewłaściwe". Wszystko było ważne, wszystko było istotne dla Twojego rozwoju. A kiedy zdecydujesz, że Twoje wcześniejsze doświadczenia życiowe już Ci nie służą, możesz dokonać zmian.

Doceniaj i ciesz się swoją życiową podróżą dla rozwoju będącego wartością samą w sobie.

Pamiętaj, że ani sukcesy ani porażki nie mają większego znaczenia dla ewolucji Twojej Duszy. Wszystko, czego doświadczasz, jest po prostu sposobem na poszerzenie jej wizji.

Możesz wybrać docenianie i cieszenie się tym, czego doświadczasz, żyjąc w świecie materialnym, i wykorzystać to do podnoszenia wibracji świadomości, którą jesteś.

Zawsze zaczynaj od połączenia się ze swoją nieskończoną istotą. (Wróć do *Wewnętrznej Podróży Część 2, Doświadczanie poza Zmysłami* w Rozdziale 1, na stronie 25 - jeżeli nie pamiętasz, jak doświadczyć swojej nieskończonej istoty).

Pomoże Ci to dostroić się do pełniejszej wizji tego, czego potrzebujesz i co jest Twoim celem. Wówczas pozostań w harmonii z Mocą Rozwoju, ufając sobie i swojemu własnemu procesowi.

Co dzieje się, kiedy nie jesteśmy w harmonii z Drugą Mocą:

Rozwój jest powiązany z drugą czakrą, nazywaną także „czakramem podbrzusza" lub „czakrą krzyżową".

Niektórzy ludzie mówią, że jest ona zlokalizowana kilka centymetrów pod naszym pępkiem i, chociaż nie jest to ściśle precyzyjne - jako że czakry nie są faktycznie związane z naszym ciałem fizycznym w ten sposób - w celu wyobrażenia sobie systemu czakr możemy przyjąć, że tam się właśnie znajduje.

Kiedy Druga Moc nie jest w stanie swobodnie przepływać przez Twoją „czakrę krzyżową" możesz odczuwać różnego rodzaju symptomy. Wielu uzdrowicieli zaobserwowało, że nieprawidłowe funkcjonowanie drugiej czakry może spowodować kamienie żółciowe i nerkowe, problemy z pęcherzem, oziębłość, problemy z organami płciowymi, takie jak nowotwór macicy, szyjki macicy, jajników, pochwy lub prostaty, choroby miednicy, problemy z jelitami itp.

Także lęki przed porzuceniem/odrzuceniem i/lub bliskością są powiązane ze słabym funkcjonowaniem „czakry krzyżowej". Kierowani takimi lękami sabotujemy własne starania, związki, stajemy się mniej asertywni, chowamy się przed życiem i nie sięgamy po nasze marzenia. Natomiast kiedy druga czakra jest nadmiernie aktywna, może to spowodować uzależnienie od seksu, tendencję do emocjonalnej zależności lub zaburzenie osobowości typu borderline - charakteryzujące się brakiem stabilności nastroju, zachowań i relacji. (Nadmiernie aktywna druga czakra może być także oznaką bycia molestowanym, poddanym przedwczesnej seksualizacji lub wykorzystywanym seksualnie w młodym wieku.)

Wszyscy dorastaliśmy w dysfunkcyjnych społeczeństwach (lub rodzinach), gdzie nauczono nas oceniania wartości innych i samych siebie na podstawie zewnętrznych pozorów.

Doprowadzono do tego, że uwierzyliśmy, że bycie kochanym jest uwarunkowane naszym zachowaniem: jeżeli nie zachowywaliśmy się w sposób, jakiego oczekiwali od nas nasi opiekunowie (lub społeczeństwo), odmawiano nam miłości i przypisywano łatkę złej osoby. Z drugiej strony kogoś, kto zachowywał się w taki sposób, jakiego od niego oczekiwano, nazywano dobrą osobą i na różne sposoby nagradzano.

Każdy z nas został kiedyś zraniony - w taki czy inny sposób. Każdy z nas doświadczył kiedyś zaniedbania lub zapomnienia. Pominięcia lub porzucenia. Odepchnięcia, niedoceniania lub wyśmiewania. Zdeptania marzeń lub wyrzucenia z pracy.

Jakie są nasze opcje? Jak odpowiemy życiu, które dało nam pozornie dobre powody, byśmy uwierzyli, że nie jesteśmy wystarczająco dobrzy i że znowu zostaniemy odrzuceni?

Czy będziemy uciekać od tych, którzy próbują nas kochać? Czy zrezygnujemy z realizacji naszych marzeń? Wzniesiemy wokół siebie mury, tak aby nikt i nic się nie przedostało? Zamknięci w sobie i zranieni?

Bardzo ważne jest, by dostrzec wyraźnie różnicę - rozgraniczyć bycie od zachowania.

To bardzo ważne, byśmy przestali oceniać swoją wartość na podstawie dysfunkcyjnych standardów naszego społeczeństwa (lub rodziny), którzy nauczyli nas, że to wstyd być niedoskonałą ludzką istotą.

Każdy człowiek jest tak samo ważny i wyjątkowy. Jeden na miliardy.

Jednak często w głębi serca czujemy się gorsi od innych, niewystarczająco dobrzy, by zasłużyć na miłość, szczęście lub sukces. To nie nasze zachowanie, ale istota tego, kim jesteśmy, powoduje, że wszyscy jesteśmy równie cenni, godni miłości i najpiękniejszego życia.

Kiedy dostrajamy się do Drugiej Mocy - Rozwoju, ważne jest, byśmy sięgnęli po narzędzia, które mogą nam pomóc zlikwidować negatywne wzorce w naszej podświadomości i uzdrowić się emocjonalnie (medytacje prowadzone, codzienne afirmacje i nagrania audio zawierające pozytywne wiadomości podprogowe).

A także oczywiście transformacja Cieni dodatkowo pomaga rozwijać się i podwyższać częstotliwość swoich wibracji.

Aby zrównoważyć swoją „czakrę krzyżową", możesz spróbować poniższego:

- Taniec/terapia ruchowa, akupresura

- Uwalnianie emocji (krzyczenie w poduszkę, szlochanie, płakanie, śmiech), terapia śmiechem

- Unikanie czytania/oglądania książek/filmów będących horrorami/thrillerami psychologicznymi

- Oglądanie wschodu słońca

- Słuchanie jazzu, rock&rolla, muzyki z Bliskiego Wschodu, rdzennej muzyki z Północnej/Środkowej Ameryki

- Gra na i/lub słuchanie gry na gitarze elektrycznej, marimbie, saksofonie

- Słuchanie częstotliwości solfeżowych na poziomie 396 HZ, wykorzystywanych w leczeniu dźwiękiem. (UWAGA: niektórzy uzdrowiciele rekomendują częstotliwości solfeżowe na poziomie 417 HZ dla zbalansowania drugiej czakry. Jednak te częstotliwości mają zbyt silny wpływ, by stosować je do leczenia, gdyż zamiast zbalansowania Twojej „czakry krzyżowej" mogą łatwo spowodować jej nadmierną aktywność. Nie słuchaj częstotliwości solfeżowych na poziomie 417 HZ, jeśli nie chcesz ryzykować powstaniem u siebie zależności emocjonalnej lub uzależnienia od seksu. Częstotliwości solfeżowe na poziomie 396 HZ są najlepsze do zbalansowania niewystarczająco lub nadmiernie aktywnej zarówno pierwszej, jak i drugiej czakry.)

- Wakacje/wycieczki: Bliski Wschód, Ameryka Północna/Środkowa

- Rozrywka: koncerty jazzu, rock&rolla, muzyki z Bliskiego Wschodu, rdzennej muzyki z Północnej/Środkowej Ameryki

- Zbieranie pamiątek dotyczących jazzu/rock&rolla

- Zbieranie sztuki rdzennych mieszkańców Bliskiego Wschodu, Ameryki Północnej/Środkowej

- Oglądanie filmów dokumentalnych na temat historii jazzu, rock&rolla, kultury Bliskiego Wschodu, rdzennych mieszkańców Ameryki Północnej/Środkowej

- Czytanie/oglądanie książek/magazynów/filmów/przedstawień komediowych, fantastycznych, przygodowych, familijnych, romantycznych

- Wszystko inne, co możesz uznać za pomocne dla zrównoważenia swojej „czakry krzyżowej": konkretne rodzaje jedzenia, przypraw, kamieni, metali lub zapachów (aromaterapia). Dużo informacji można znaleźć w odpowiednich książkach i artykułach. Niektórzy ludzie zgłaszają się także po pomoc do naprawdę dobrego/wiarygodnego Mistrza Reiki, bioenergoterapeuty lub jakiegoś innego uznanego/sprawdzonego uzdrowiciela

Wewnętrzna Podróż

OTWIERANIE SWOJEJ „CZAKRY PODBRZUSZA / KRZYŻOWEJ" NA PRZEPŁYW ROZWOJU

Ułóż się wygodnie - w pozycji siedzącej lub leżącej. Jeśli jesteś już gotowy/-a, zrób kilka głębokich oddechów.

Odbędziemy tę Wewnętrzną Podróż w dwóch krokach.

Krok 1:

Za chwilę poproszę Cię o zamknięcie oczu, a następnie o otworzenie ich z powrotem, by czytać dalej, kiedy już wyobrazisz sobie taką sytuację:

A: Siedzisz w okrągłym pomieszczeniu wewnątrz latarni, której okna wychodzą na ogromne szmaragdowe morze. Jest późno w nocy i - poprzez okna rozmieszczone wszędzie wokół - widzisz ciemne niebo rozświetlone jasnymi gwiazdami. Z jakiegoś powodu w oknach tych nie ma szyb, tylko same puste framugi. Owiewa Cię łagodna ciepła bryza przychodząca z zewnątrz. Odczuwasz spokój i czujesz się bezpiecznie.

B: Oddychasz głęboko i powoli. Z każdym oddechem odczuwasz połączenie z niebem i morzem poniżej. Napawasz się z lubością tą cichą nocą i spokojem tej chwili.

C: Po kilku oddechach dodaj do tej scenerii kolejny obraz i kolejne odczucie: z każdym oddechem możesz zobaczyć i poczuć ciepłe jaśniejące białe światło w Tobie, kilka centymetrów poniżej pępka.

D: Pozostań tak przez chwilę, licząc w myślach każdy oddech - od 10 do 1.

Przeczytaj powyższe kroki tyle razy, ile chcesz. Nie ma pośpiechu. Wszystko jest dobrze. Zamknij oczy i otwórz je ponownie, kiedy ukończysz zadanie.

Zamknij oczy TERAZ.

***

Dobrze. Otworzyłeś/-aś oczy.

Oddychaj powoli i głęboko. Oto, co masz zrobić dalej:

KROK 2:

Za chwilę zamkniesz oczy, by wyobrazić sobie sytuację opisaną poniżej, po czym otworzysz je, by kontynuować czytanie.

A: Oddychaj powoli i głęboko. Białe światło pochodzące z miejsca poniżej Twojego pępka robi się coraz większe. Wiesz, że pochodzi ono z pięknego błyszczącego „wiru" w środku Ciebie - z Twojej drugiej czakry. Skup się na tym wirze i pozwól mu równomiernie wirować.

B: Wyobraź sobie, że Twoja druga czakra zaczyna się kręcić coraz szybciej, a białe światło wychodzące z niej staje się coraz mocniejsze.

C: Mocne białe światło wytwarzane przez Twoją drugą czakrę wnika w ciemną noc z ogromną mocą, wydobywając się na zewnątrz przez ramy okien. Tego właśnie potrzebowała latarnia:

pięknego światła, do rozświetlenia ciemnej nocy we wszystkich kierunkach. Twoje wewnętrzne światło stało się teraz światłem latarni.

D: Czujesz wyraźnie jak Druga Moc - Rozwój, przepływa swobodnie przez Twoją „czakrę krzyżową". Pozostań z tym uczuciem, powtarzając w myślach:

„Jestem w harmonii z Mocą Rozwoju. Jestem gotowy/-a cieszyć się swoją unikalnością, swoimi talentami i umiejętnościami. Nie chodzi tu o moje Ego, dumę czy starania, by być lepszym od innych. Wszyscy jesteśmy unikalni i szczególni. Ja też, tak jak każdy, zasługuję na miłość, szczęście i wszystko, co najlepsze na świecie."

(Jeśli chcesz, możesz powyższe wyrazić własnymi słowami.)

Ciesz się tą chwilą tak długo, jak chcesz. Poczuj swój potencjał i przyzwól sobie być pełniej tym, kim jesteś, a także w pełni stać się tym, kim jeszcze będziesz. Tak długo, jak pozostajesz w harmonii z Rozwojem - Drugą Mocą, Twoje wewnętrzne światło będzie dalej lśniło w świecie, przynosząc korzyści zarówno Tobie, jak i wszystkim innym.

Przeczytaj powyższe kroki tyle razy, ile chcesz. Nie ma pośpiechu, gdyż wszystko dzieje się dokładnie tak, jak ma być. Wszystko jest dobrze.

Kiedy skończysz czytać, zamknij oczy i otwórz je ponownie, kiedy ukończysz zadanie. Możesz zamknąć oczy TERAZ.

***

Dobrze. Otworzyłeś/-aś oczy.

Jeśli chcesz, możesz przerwać teraz czytanie i wrócić do tych stron później albo czytać dalej, jeśli tak zdecydujesz.

Ty sam/-a najlepiej wiesz, co robić, by było to dla Ciebie najbardziej naturalne.

POZOSTAWANIE W HARMONII Z ROZWOJEM - DRUGĄ MOCĄ

Kiedy ewoluujesz w życiu, zyskujesz moc kontrolowania swoich myśli, zachowań i reakcji wynikających z bolesnych doświadczeń i ran z przeszłości. Zyskujesz moc myślenia, bycia i reagowania z poziomu prawdziwej wolności, radości i satysfakcji.

W celu osiągnięcia takiego stanu Umysłu, ważnym jest, aby przejść przez proces samouzdrowienia emocjonalnego. W przeciwieństwie do tego, w co wierzą niektórzy - nie można tego ot tak pominąć, kiedy podnosi się swoją świadomość duchową.

Twoja świadomość duchowa nie zadba o Twoje rany emocjonalne. Wielu ludzi, którzy pozornie dokonują postępów na drodze rozwoju duchowego, tkwi w niedojrzałości emocjonalnej i pozostaje pod kontrolą swoich podświadomych Cieni. Oczywiście ich rozwój duchowy w takim przypadku staje się tylko czymś w rodzaju „bandaża", którym próbują opatrzyć swoje obolałe rany gdzieś w środku.

Pamiętajmy, że cały „Zespół" może rozwijać się tylko wtedy, gdy wszyscy jego członkowie podnoszą swoje wibracje. Dlatego tak ważnym jest, by przejść przez taki proces samoleczenia i podnieść wibracje swoich Emocji.

Pierwszym krokiem w procesie samouzdrawiania emocjonalnego jest zrozumienie wzorców swojej osobowości i zaobserwowanie, jak każą Ci one myśleć i funkcjonować w różnych codziennych sytuacjach.

Zauważ, że kiedy rozpoczniesz swój proces samoleczenia w takim czy innym momencie możesz doświadczyć pewnego nagromadzenia okoliczności w swoim życiu, które będą wymagały od Ciebie pomagania innym w ich własnych trudnościach czy też dolegliwościach. Czasami może to być przytłaczające. Dzieje się tak nie bez powodu. Każdy wokół Ciebie staje się odbiciem tego, co potrzebujesz zrobić ze sobą - będąc katalizatorem dla Twojego własnego bólu i Twoich własnych ran.

W takich okolicznościach warto nauczyć się, jak nie wpadać w pułapkę zbytniego emocjonalnego zaangażowania. Możesz prawdziwie pomóc innym tylko wtedy, gdy jesteś w stanie się zdystansować, ocenić ich sytuacje i trzeźwo doradzić im co mają robić na swojej drodze. Wtedy będziesz także w stanie pomóc sobie samemu w podobny sposób.

Oto krótka historia opisująca wyobrażoną sytuację:

Pomoże Ci ona zrozumieć, jak Rozwój - Druga Moc wpływa na Materię oraz na nasze doświadczenia życiowe:

Wyobraź sobie, że unosisz się gdzieś w przestrzeni kosmicznej

Wszystko w porządku. Jest dobrze i bezpiecznie, wszystko jest tak, jak ma być. Rozejrzyj się wokół siebie i wyobraź sobie, że znajdujesz się w miejscu, które istniało być może miliardy lat temu.

Obserwujesz jak Materia kształtuje się w fizyczne formy i widzisz zachodzące przy tym reakcje chemiczne. Fizyczne formy, choć są bardzo proste i wyglądające po prostu jak pojedyncze komórki, rozwijają w sobie świadomość, która następnie ewoluuje. Dostrzegasz, że świadomość wygląda jak małe iskierki światła, mieniące się i wibrujące. Kiedy się rozwija - wibruje szybciej i wtedy te iskierki światła stają się jaśniejsze.

Wyobraź sobie, że czas płynie teraz naprzód bardzo szybko, jakby oglądało się pędzące obrazy podczas przewijania do przodu jakiegoś filmu. Zmiany w fizycznych formach następują bardzo szybko i możesz zaobserwować, jak tworzą się układy biologiczne: podstawowe formy roślinności, owady, ptaki i zwierzęta.

Zauważ, że wszystkie te układy biologiczne mają swoje własne pola magnetyczne i że na te pola wyraźnie wpływa ewolucja ich świadomości. Zmiany w polach magnetycznych powodują różnego rodzaju reakcje chemiczne wewnątrz form fizycznych. Nieważne, jak szybko czy wolno rozwija się świadomość, reakcje i procesy zawsze są takie same.

Teraz przyjrzyj się ludziom i zmianom w ich ciałach i aurach, spowodowanych rozwijającą się świadomością. Zjawisko to powoduje różnego rodzaju zaburzenia - kłębowisko fizycznych, emocjonalnych czy mentalnych powikłań.

Zwróć uwagę, że nie tylko Ci, którzy odmawiają sobie prawa do rozwoju duchowego cierpią z powodu zaburzeń. Także Ci, którzy podążają ścieżką swojej Duszy, mogą doświadczyć różnych chorób i powikłań.

A oto powód:

Każdy rozwój lub opieranie się mu powoduje zmiany, które wywierają wpływ na organizm oraz jego stan emocjonalny lub mentalny. A jeżeli rozwój jest bardzo gwałtowny, wówczas skutki jego działania są poważniejsze.

Trzeba zrozumieć, że choroba, czy też problem emocjonalny lub mentalny, nie są wcale koniecznie złą oznaką. Są po prostu symptomem, skutkiem ubocznym. Choroba może być nawet czasem tak naprawdę przyjacielem osoby, która jej doświadcza. Jest tak dlatego, że choroba pozwala takiej osobie „nadgonić" za rozwojem na poziomie fizycznym - dając Ciału odpowiednią ilość czasu, by dostosować się do głębszej zmiany.

Aby zrozumieć to lepiej, pomyśl o czymś tak podstawowym jak na przykład kichanie czy łzy. Może to być w istocie procesem oczyszczania, pozbywania się czegoś, czego już nie potrzebujemy (bakterii, nadmiaru śluzu itp.). Albo pomyśl o swędzeniu, kiedy skóra uwalnia toksyny. Czy też o gorączce, która jest oznaką walki toczącej się pomiędzy wirusem a układem odpornościowym. Tak, gorączka osłabia organizm, ale jednocześnie jest oznaką procesu leczenia.

Zastanów się nad tym, że niektóre choroby mogą pomagać uwolnić się od czegoś, dostosować, wzmocnić lub przygotować Duszę do kolejnego kroku w jej podróży. Czas spędzony na leczeniu Ciała fizycznego jest czasem potrzebnym Duszy na przejście do kolejnego doświadczenia. To dlatego tak nieraz dobrze jest schować się pod ciepłym kocem z zapasem witaminy C. Taka „przerwa" w życiowej gonitwie daje nam szansę na odpowiednie „przetrawienie" wszystkich nowych rzeczy.

Aby lepiej zobrazować momenty, kiedy Dusza symbolicznie „kicha" lub coś ją „swędzi", pomyśl o niektórych świętych kościoła katolickiego. Po ich nagłym rozwoju duchowym nierzadko przychodziły poważne, często nieuleczalne choroby. Ich Dusze potrzebowały dostosować się do nowych wyższych częstotliwości wibracji. Ich Ciała nie mogły sobie z tym poradzić. Działo się tak dlatego, że ich Ciała były najczęściej niedożywione, pozbawione odpowiedniego snu, odpoczynku, witamin i minerałów. We wczesnym chrześcijaństwie umartwianie własnego Ciała było szeroko stosowaną praktyką. Takie wycieńczone Ciała miały oczywiście niską częstotliwość wibracji i nie mogły wytrzymać przepływu wysokich częstotliwości wibracji spowodowanych rozwojem innego członka ich „Zespołu" - Duszy.

Jest wiele historii o cierpiących świętych, którzy zawsze znosili swoje cierpienie z pokorą. Intuicyjnie czuli, że ich cierpienie nie było tak ważne jak ich rozwój. Równocześnie ich doktryna nie pozwalała im zrozumieć, że takie cierpienie nie było konieczne i że powinni zadbać w równym stopniu o wszystkich członków „Zespołu", w tym o swoje Ciało.

Jeśli zechcesz się nauczyć, jak uzdrowić siebie, lub jeśli jesteś uzdrowicielem czy też planujesz nim zostać, powinieneś / powinnaś pamiętać, że choroba nie zawsze jest symptomem unikania swojej drogi.

W niektórych przypadkach jest oznaką bycia w harmonii z własną ścieżką, przy jednoczesnym zaniedbaniu potrzeb własnego Ciała.

Nigdy nie myśl o chorobie jak o wrogu. Uznaj ją za posłańca przekazującego wiadomość. Tylko wtedy, gdy podejdziesz do choroby w ten sposób, będziesz w stanie poradzić sobie z nią skutecznie.

Zawsze traktuj swoje Ciało równie dobrze, jak pragniesz traktować swą Duszę.

W kolejnych dniach zastanów się nad procesem uzdrawiania fizycznego, emocjonalnego i mentalnego:

Pamiętaj, że w niektórych przypadkach choroba jest tym, czego Dusza potrzebuje, by przejść do kolejnego etapu rozwoju.

Zdarza się, że niektóre Dusze wybierają śmierć fizyczną zamiast wyzdrowienia z choroby, gdyż postrzegają to jako jedyny sposób na poczynienie istotnego rozwoju w obecnym życiu. A my musimy szanować prawo każdego człowieka do wyboru tego, co uważa dla siebie za najlepsze.

Samouzdrawianie czy bycie uzdrowicielem nigdy nie powinno być sposobem na zaspokajanie własnych ambicji, jeśli mamy potrzebę osiągnięcia jakiegoś sukcesu czy spełnienia.

Nie chodzi tu o Twoje osiągnięcia w samouzdrawianiu ani o to, jak dobrym uzdrowicielem możesz się stać. Zawsze chodzi o to, jak dobrze możesz poprowadzić kogoś czy siebie samego przez proces samouzdrawiania. (Natomiast własne ambicje możesz zaspokajać w inny sposób.)

Bycie w harmonii z Rozwojem - Drugą Mocą oznacza zaakceptowanie swojego życia jako szansy na rozwój poprzez wszystko, czego doświadczamy. W zdrowiu, chorobie, szczęściu czy w smutku.

Rozwój to hojna Moc. Zawsze zapewni Ci dokładnie to, na co jesteś gotowy/-a i czego potrzebujesz.

W Naukach Nadziei Rozwój jest oznaczany cyfrą Pięć.

Rozdział 8

Od Rozwoju Do Trzeciej Mocy: Rozstania

Kiedy naprawdę wiesz, że to, czego doświadczasz, to Iluzja, przestajesz być więźniem własnego Umysłu

„Rozwój, jako harmonijna i naturalna ewolucja, staje się bazą dla następnego etapu w tworzeniu świata, kolejnej Mocy. A ta zwana jest Rozstaniem - wyjaśnił dalej.

(...) - Mówiłeś wcześniej, że Rozstanie jest tym samym, co Przyjście.

- Tak - potwierdził. - Rozstanie z Iluzją, która sprawia, że żyje się w niezrozumieniu świata i jego istoty, jest równe Przyjściu, zbliżeniu się do Prawdy. Odejście od porównywania oraz potępiania innych na poziomie koncepcji dobra i zła, a Przyjście do akceptowania równości wszystkiego i wszystkich. Odejście od wątpliwości i złudzeń, a Przyjście do pełnego zaufania.

Pozostawienie za sobą Iluzji bólu i cierpienia, a Powitanie czystej Miłości, wyrażonej poprzez równość wszystkiego co istnieje.

Kiedy mówił, czułam jak przechodzą mnie dreszcze. Jego słowa wydawały się już od dawna być bliskie memu sercu. W tym momencie zrozumiałam wielką mądrość zawartą w tym, czym Najwyższy Kapłan próbował się ze mną podzielić."

– *„Mistrz i Zielonooka Nadzieja"*

Wszyscy w takim czy innym momencie swojego życia mogą poczuć Moc Rozstania. Prawdopodobnie wszyscy doświadczyliśmy już takiego momentu lub takich momentów w życiu, kiedy nagle bez jakiegoś racjonalnego powodu po prostu wiedzieliśmy/poczuliśmy, że wszystko, co widzimy wokół siebie, jest takie „niewystarczające". Że to, czego doświadczamy w naszym fizycznym życiu jest zbyt ograniczone, żeby mogło być „całą prawdą" na temat tego, kim jesteśmy, skąd pochodzimy i gdzie zmierzamy. Że to wszystko musi mieć jakieś głębsze znaczenie - nasze życie, nasze istnienie, świat, w którym żyjemy - że to, czego doświadczamy, to po prostu nie może być „wszystkim".

Takie momenty „uświadomienia"/„jasności" nie mają nic wspólnego z logiką naszych zmysłów i z tym, co wiemy o życiu i jego biologicznych korzeniach. Nie mają też nic wspólnego z naszym wiekiem, płcią, pochodzeniem, poziomem wykształcenia lub liczbą odniesionych w życiu sukcesów czy porażek.

Takie momenty prowadzą nas do głębszego poszukiwania sensu/celu naszego istnienia. Kiedy już raz poczujemy „dotyk" Mocy Rozstania, wówczas bardziej lub mniej aktywnie kontynuujemy próby „rozgryzienia tego wszystkiego", znalezienia jakiegoś potwierdzenia na to, że to co przeczuwamy jest prawdziwe.

„Rozstanie (reprezentowane liczbą Trzy) oznacza, że ktoś zostawia za sobą wszystko co stare, aby wniknąć w istotę rzeczy i odnaleźć swoją własną drogę, Rozwój jest możliwy z powodu harmonijnego postępu, czyli naturalnego Przenikania, wnikania w istotę rzeczy. Takie zaś Przenikanie jest wynikiem następującego Rozwoju, by poznać własnego ducha i serce. Rozstanie jest jednocześnie Odejściem, jak i Przyjściem. Kto rozstaje się z Iluzją, zbliża się do Prawdy."

– *„Mistrz i Zielonooka Nadzieja"*

Wszyscy pragniemy dostać odpowiedzi. Niektórzy odnajdują je w poglądach filozoficznych/wierzeniach religijnych, inni odkrywają je wewnątrz siebie, a jeszcze inni poszukują ich w odkryciach naukowych.

Bez względu na to, jak i kiedy decydujemy się szukać czegoś, co ma dla nas głębsze znaczenie, jedna rzecz pozostaje bez zmian: kiedy już zaczniemy szukać „prawd", które do nas przemawiają, nie zatrzymamy się i nie będziemy w stanie powrócić do naszych „dawnych sposobów" postrzegania naszej egzystencji.

Taka jest Moc Rozstania.

Kiedy dawna oparta na doktrynach szkoła nauki oddzieliła się od nauk duchowych wskazujących na Iluzję świata fizycznego, spowodowała dużo chaosu na planecie. Trzymająca się ciasnych poglądów myślowych dawna szkoła nauki nie tylko pozbawiła nas zasobów naturalnych, ale też przyczyniła się do zanieczyszczenia naszych wód, ziemi i powietrza.

Żaden autentyczny postęp techniczny nie może nastąpić, kiedy nauka nie jest holistyczna (całościowa). Jedynym sposobem na utrzymanie wszystkiego w równowadze jest bycie w harmonii z Siedmioma Mocami, a odrzucanie Mocy Rozstania, tak jak zrobiła to dawna szkoła nauki, prowadzi do wielu szkód.

Cykliczne Koło Tworzenia opiera się na wszystkich Siedmiu Mocach działających razem, w harmonii i nieustannie.

Wszystko, co ogranicza lub zakłóca cykle tworzenia, nie działa zgodnie z Wielkim Projektem i jest skazane na porażkę.

To, co niektórzy postrzegają jako postęp techniczny ludzkości w ostatnim stuleciu lub nieco dłużej, jest de facto wielkim naukowym nieporozumieniem, któremu pozwolono trwać już nazbyt długo. Cała nasza planeta ucierpiała z powodu tego naukowego nieporozumienia: ludzie, zwierzęta i przyroda. Zniszczona planeta długo będzie z tego wychodzić. To, czy ludzie zobaczą jeszcze kiedyś swoją planetę zdrową i szczęśliwą, dopiero się okaże. W chwili obecnej zniszczenie nadal zbiera bezlitosne żniwo i trudno powiedzieć, czy następne pokolenia w ogóle będą mogły żyć na Ziemi.

Wiem - większość z nas nie myśli o tym na co dzień albo nie myśli o tym wcale. Jest to kolejna oznaka tego, że ludziom mylnie wdrukowano pogląd, że są w jakiś sposób nadrzędni w stosunku do innych gatunków, przyrody czy planety jako takiej. Że mają wszystko pod kontrolą, a świat materialny istnieje po to, by im służyć i zaspokajać ich zachcianki. A tak naprawdę jesteśmy przecież częścią tego świata, tak jak wszystko inne i wszyscy inni.

Świat materialny - taki, jakim go znamy - podlega Cyklicznemu Kołu Tworzenia i jako taki jest wynikiem współtworzenia „rzeczywistości" przez zbiór indywidualnych świadomości wszystkich żywych istot (ludzi, zwierząt, roślin, minerałów, planet, gwiazd, galaktyk itp.) - które „zdecydowały się" na doświadczanie siebie w tej konkretnej Iluzji Materii.

Co ciekawe, ludzie są jedynymi jak dotąd istotami na naszej planecie, które pogwałciły umowę wzajemnej harmonijnej Ewolucji wszystkich zaangażowanych świadomości.

Jednak „dotyk" Mocy Rozstania przychodzi zawsze wtedy, kiedy najbardziej tego potrzebujemy - by powstrzymać nas w naszym niszczycielskim pędzie.

Możemy dostrzec to wyraźnie, kiedy pojawiają się nowe odkrycia naukowe. Obecnie nauka potwierdza, że świat materialny jest Iluzją i wypróbowuje nowe teorie, by dowiedzieć się, jak działa Wielki Projekt.

Zachodnia medycyna robi istotny krok w kierunku leczenia chorób w sposób holistyczny, po pojawieniu się licznych wyników badań w tym zakresie. Za przełomową pracę na temat mechanizmów molekularnych procesu samonaprawy DNA przyznano Nagrodę Nobla i udowodniono już, że wpływ mocy Umysłu na Ciało fizyczne jest prawdziwym zjawiskiem. Fizyka przygląda się równoległym wszechświatom i nowym źródłom energii, a podróże w czasie wydają się być tuż za rogiem, podczas gdy druk 3D i nanotechnologia otwierają nowy wymiar możliwości dla naszego życia i funkcjonowania.

Iluzja świata materialnego jest już oficjalna, zaś skutki Rozstania, czyli Trzeciej Mocy, stały się oczywiste w dziedzinie nauki. Coraz więcej naukowców sięga po starożytne filozoficzne nauki, by znaleźć inspirację dla swoich teorii i badań w poszukiwaniu głębszego znaczenia świata i naszego istnienia.

I kiedy odkryją, że nikt nie może oddzielić od siebie dwóch światów - materialnego i duchowego - do celów naukowych, wówczas powstanie Prawdziwa Nauka i dokona się prawdziwa Ewolucja naukowa.

Odejście od Iluzji, która trzyma nas w braku prawdziwego zrozumienia świata i jego natury, prowadzi do wyzwolenia od naszych ograniczeń.

Przyjrzyjmy się pokrótce temu, dlaczego na naszej planecie istnieje taki, a nie inny stan rzeczy:

Mechanizmy systemu czakr indywidualnego człowieka, które pozwalają na stały przepływ (przypływ i odpływ) Energii Kosmicznej, świadomości, podświadomości itp. przypominają mechanizmy podobnie funkcjonujących zbiorowisk wielkich centrów/„wirów" energetycznych, które rozsiane są po całej planecie, w różnych jej regionach - pozwalając na nieustanny przepływ tych samych Energii, co czakramy.

I tak samo jak system czakr człowieka, każde takie zbiorowisko składa się z siedmiu centrów/„wirów" energetycznych, które –

podobnie do czakr, mogą być zarówno „generatorami", jak i „odbiornikami" Energii przez nie przepływających.

Dlatego też możemy dostrzec różne etapy rozwoju świadomości w różnych częściach świata, takich jak kontynenty, kraje, miasta, wioski itp.

Możemy także zaobserwować, że niektóre narody, rasy, pokolenia, grupy lub rodziny rozwijają się w konkretny sposób w konkretnym regionie. A to zależy od tego, czy dany region/pokolenie/grupa/rodzina itp. - jako całość - jest w harmonii z niektórymi lub wszystkimi z Siedmiu Mocy, czy też nie.

To samo dotyczy całych planet, galaktyk czy Wszechświatów. Możemy przywołać tutaj stare powiedzenie „jak na górze, tak na dole", które dobrze się sprawdza w tym konkretnym kontekście.

Teraz, kiedy patrzymy na to z takiej perspektywy, możemy lepiej zrozumieć procesy przebiegające na naszej planecie i w naszym indywidualnym życiu.

Co się dzieje, kiedy nie jesteśmy w harmonii z Trzecią Mocą:

Na szczeblu globalnym możemy zaobserwować następujące „symptomy", które odczuwa nasza planeta z powodu zakłóceń w przepływie energii Mocy Rozstania:

Materializm, styl życia ukierunkowany na konsumpcję, brak poszanowania dla świadomości wyrażanej w życiu fizycznym (we wszystkich możliwych formach), konkurowanie ze sobą, egoizm, płytkość, agresja, okrucieństwo, brak tolerancji, brak zrozumienia dla natury i mechanizmów Ewolucji duchowej, ograniczanie wolności i prawa do rozwoju oraz pełni rozkwitu wszystkich form świadomości.

Na szczeblu indywidualnym, Rozstanie jest powiązane z trzecią czakrą, zwaną także „czakrą splotu słonecznego".

Niektórzy ludzie mówią, że jest ona zlokalizowana nieco powyżej pępka i chociaż nie jest to ściśle precyzyjne - jako że czakry nie są faktycznie związane z ciałem fizycznym w ten sposób - w celu wyobrażenia sobie systemu czakr, możemy przyjąć, że tam właśnie się znajduje.

Kiedy Trzecia Moc nie jest w stanie swobodnie przepływać przez „czakrę splotu słonecznego", można odczuwać różne symptomy. Wielu uzdrowicieli zaobserwowało, że nieprawidłowe działanie trzeciej czakry może spowodować problemy z trawieniem, choroby żołądka/wątroby/trzustki, cukrzycę, hipoglikemię, otyłość, zaburzenia pracy nadnerczy, zaburzenia pracy górnych części jelita, nowotwór okrężnicy oraz problemy z górną i dolną częścią kręgosłupa.

Lęk przed porażką lub jego odpowiednik - lęk przed sukcesem często występują w przypadku nieprawidłowego funkcjonowania trzeciej czakry.

Lęki te powiązane są z naciskami naszego środowiska lub rodziny, które są często ukierunkowane materialistycznie i nastawione na osiągnięcie sukcesu w rozumieniu norm szeroko wyrażanych przez większość społeczeństwa.

A z tego często wynika życie, które jest nieustanną walką.

Może to powodować próby lub obsesję zdobywania, osiągania, nabywania dóbr materialnych/władzy finansowej przy użyciu wszelkich możliwych środków: asertywności lub agresji, manipulacji czy użycia siły, oszustwa lub inwazji, ciężkiej pracy lub „zniewolenia" w czystej postaci, by tylko uzyskać lub utrzymać pewien status.

Może się też stać to wewnętrzną walką związaną z niemożnością pójścia na kompromis co do własnych wartości dla zaspokojenia oczekiwań społeczeństwa lub sabotowaniem swojej własnej kariery/osiągnięć i prawa do szczęścia.

Jako ludzkość i społeczeństwo - musimy nauczyć się rozpoznawać różnicę pomiędzy sukcesem iluzorycznym a autentycznym. Tylko wtedy będziemy w stanie poczuć prawdziwą satysfakcję w życiu, dążąc do realizacji naszych celów - nie opierając się na konkurowaniu i dążeniu do bycia lepszym/bogatszym/potężniejszym od innych, ale na pełnej zgodności z naszymi głębokimi wartościami i potrzebą wyrażania siebie w sposób, jaki jest prawdziwy dla tego, co jest w naszym Sercu (naszej czystej wewnętrznej istocie).

Aby dojść do takiej wolności w przeżywaniu życia tak, jak chcemy - musimy być w harmonii z Mocą Rozstania i zacząć postrzegać świat materialny jako to, czym naprawdę jest: Iluzję, w której możemy znaleźć różne szanse dla naszego Rozwoju.

Każda pojedyncza cząstka naszego Wszechświata jest zaprojektowana w sposób ukierunkowany na rozwój.

Jeśli chcesz być w harmonii z Trzecią Mocą - Rozstaniem, ważne jest byś sięgnął/sięgnęła po narzędzia, pomocne zarówno w stapianiu negatywnych wzorców w podświadomości jak i w emocjonalnym uzdrowieniu (medytacje prowadzone, codzienne afirmacje oraz nagrania audio zawierające pozytywne wiadomości podprogowe). Oczywiście także transformacja własnych Cieni pomaga dodatkowo w rozwijaniu się i podwyższaniu częstotliwości swoich wibracji.

Aby zrównoważyć swoją „czakrę splotu słonecznego", możesz spróbować poniższego:

- Energiczna aktywność fizyczna w jakiejkolwiek formie

- Unikanie czytania/oglądania książek/filmów będących thrillerami psychologicznymi

- Oglądanie zachodu słońca, burzy i burzy śnieżnej

- Słuchanie jazzu, folku, popu i rapu

- Granie na/słuchanie gry na gitarze, skrzypcach i innych instrumentach strunowych, instrumentach dętych blaszanych i dętych drewnianych, na pianinie i keyboardzie

- Słuchanie częstotliwości solfeżowych na poziomie 528 HZ, wykorzystywanych w leczeniu dźwiękiem (UWAGA: częstotliwości te są także wykorzystywane w celu naprawy DNA)

- Wakacje/wycieczki: Południowa Europa

- Rozrywka: koncerty jazzu/folku/popu/rapu

- Zbieranie pamiątek związanych z jazzem/folkiem/popem/rapem

- Zbieranie dzieł sztuki rdzennych mieszkańców Europy Południowej

- Czytanie/oglądanie książek/magazynów/filmów/przedstawień przygodowych/fantastycznych/biograficznych/historycznych

- Wszystko inne, co możesz uznać za pomocne dla zrównoważenia swojej „czakry splotu słonecznego": konkretne rodzaje jedzenia, przypraw, kamieni, metali lub zapachów (aromaterapia). Dużo informacji można znaleźć w odpowiednich książkach i artykułach. Niektórzy ludzie zgłaszają się także po pomoc do naprawdę dobrego/wiarygodnego Mistrza Reiki, bioenergoterapeuty lub jakiegoś innego uznanego/sprawdzonego uzdrowiciela

Wewnętrzna Podróż

OTWIERANIE SWOJEJ „CZAKRY SPLOTU SŁONECZNEGO" NA PRZEPŁYW MOCY ROZSTANIA

Znajdź wygodną pozycję i zrób kilka głębokich oddechów. Za chwilę poproszę Cię o zamknięcie oczu, a następnie o otworzenie ich z powrotem, by czytać dalej, kiedy już wyobrazisz sobie taką sytuację:

A: Siedzisz na krześle w swoim własnym domu, patrząc w otwarte okno lub we frontowe drzwi, które są otwarte na oścież. Jest lato i słoneczny jasny dzień. Oddychasz głęboko i równomiernie; czujesz się spokojny/-a i zrelaksowany/-a. (Możesz także faktycznie wybrać takie miejsce w swoim domu zamiast je sobie wyobrażać.)

B: Widzisz słońce z miejsca, w którym jesteś i czujesz jego ciepło na skórze. Z każdym oddechem, oprócz powietrza wchłaniasz w swoje Ciało także światło słoneczne razem z jego ciepłem. Wypełnia Cię cicha radość, która wzrasta od samego dołu Twojego kręgosłupa, podnosząc się coraz wyżej i sięgając do Twojej trzeciej czakry.

C: Po zrobieniu kilku oddechów, zaczynasz czuć, że Twoja trzecia czakra obraca się szybciej, a miejsce nieco powyżej Twojego pępka, staje się naprawdę ciepłe. To bardzo miłe uczucie i rodzi w Tobie jeszcze więcej radości.

D: Pozwól sobie na doświadczanie tego procesu przez chwilę, licząc w myślach każdy oddech - od 10 do 1.

E: Teraz wyobraź sobie, że Twoja trzecia czakra zaczyna lśnić tym samym światłem, co słońce na zewnątrz. Wygląda teraz zupełnie jak słońce: które jest jasne i radosne. Uśmiechasz się, zdając sobie sprawę, że masz wewnątrz siebie mniejszą wersję letniego słońca, tuż nad swoim pępkiem.

F: Pozwalasz swojemu własnemu słońcu zalśnić jeszcze mocniej i wypełnić Cię mocą, która pozwala wszystkiemu rozkwitać: ludziom/innym żywym istotom/projektom i celom.

Twojej słonecznej mocy nikt i nic nie może zatrzymać. Dochodzi wszędzie tam, gdzie chcesz ją wysłać, i rozpuszcza przeszkody na Twojej drodze.

Pamiętaj jednak, że energia słoneczna zgromadzona w trzecim czakramie może być używana wyłącznie w celach, które nie czynią żadnej szkody innym ludziom, zwierzętom, przyrodzie, planecie, czy czemukolwiek we wszechświecie.

Napawaj się tą chwilą tak długo, jak chcesz. Możesz także zdecydować się na powtórzenie tej *Wewnętrznej Podróży* zawsze, kiedykolwiek czujesz potrzebę wzmocnienia jakichś swoich starań i celów.

Przeczytaj powyższe kroki tyle razy, ile chcesz, zachowując swój własny rytm. Wszystko jest dobrze. Zamknij oczy i otwórz je ponownie, kiedy ukończysz zadanie.

Zamknij oczy TERAZ.

***

Dobrze. Otworzyłeś/-aś oczy.

Możesz przerwać teraz czytanie i powrócić do tych stron później lub kontynuować czytanie, jeśli taki jest Twój wybór.

Nie przyspieszaj na siłę swojego własnego procesu.

POZOSTAWANIE W HARMONII Z ROZSTANIEM - TRZECIĄ MOCĄ

Kiedy doświadczasz harmonijnego przepływu Mocy Rozstania, zdajesz sobie sprawę, że świat materialny/fizyczny - bez względu na to, jak bardzo wydaje się być prawdziwym - jest tylko Iluzją, która zmienia się i dostosowuje zgodnie z tym, jak ją postrzegasz.

Sposób, w jaki postrzegamy świat wokół nas, ma ogromny wpływ na to, jak żyjemy.

Jest to głęboko związane ze sposobem, w jaki nas zaprogramowano lub jak sami zaprogramowaliśmy siebie na podstawie naszych doświadczeń, przekonań oraz - przede wszystkim - na podstawie tego, co jest zgodne z tym, jakimi obecnie jesteśmy.

Dla niektórych z nas - świat wydaje się być miejscem istniejącym samym w sobie, w którym nie mają wiele do powiedzenia i nie mogą go w żaden sposób kontrolować. Niektórzy z kolei postrzegają świat jako wrogi, pełen tych „innych”, z którymi muszą walczyć, albo ich unikać i zawsze być gotowymi do ataku lub obrony. Dla jeszcze innych świat jest miejscem obsługi ich Ego, gdzie mogą zaspakajać swoje potrzeby, czy to materialne czy emocjonalne. Są też ludzie, którzy postrzegają świat jako jedność, gdzie wszystko jest celowe. A jeszcze inni, widzą go jako wielką niewiadomą, gdzie wszystko jest możliwe.

<u>Sposób, w jaki żyjemy, stanowi odzwierciedlenie naszej Wizji Świata:</u>

Większość z nas zgadza się, że żyjemy w świecie fizycznym/materialnym. Jesteśmy pewni istnienia świata fizycznego/materialnego, ponieważ możemy doświadczać go za pomocą zmysłów. Wielu z nas zgadza się również, że istnieje świat duchowy. Wierzymy w świat duchowy, bo można go „postrzegać" poprzez swoją intuicję, system wierzeń, logikę lub tak zwany „szósty zmysł". Innymi słowy: zgadzamy się z tym, czego doświadczamy lub co w jakiś sposób postrzegamy. Nie ma znaczenia, czy jest to fizyczne/materialne czy też nie.

Jeśli czegoś w jakikolwiek sposób doświadczamy lub jakoś to postrzegamy, wierzymy w jego istnienie.

Bez względu na to, czy zgadzamy się z założeniami dawnej materialistycznej szkoły nauki czy też z bardziej holistycznym (całościowym) podejściem nauk nowoczesnych, jak również bez względu na to, jakie jest nasze pochodzenie, system wierzeń, religii czy osobistej życiowej filozofii - każdy z nas wyraźnie widzi, że gdy chodzi o nasze własne życie - im bardziej możemy decydować o własnym losie, tym bardziej jest to korzystne dla naszego rozwoju i szczęścia.

Nasze fizyczne życie to nasza własna podróż. Należy do nas i wywodzi się z nas.

Zawsze możesz zmienić swoją percepcję Iluzji świata materialnego - jeśli chcesz zmienić swoje doświadczenie.

Kiedy jesteś w harmonii z Siedmioma Mocami, wpływasz na Iluzję w taki sposób, w jaki chcesz.

Natomiast kiedy NIE jesteś w harmonii z Siedmioma Mocami, Iluzja wpływa na Ciebie.

Oto krótka historia opisująca wyobrażoną sytuację:

Pomoże Ci ona zrozumieć, w jaki sposób Twoja percepcja może spowodować, że utkwisz w Iluzji, utrwalając swoje poczucie „swojskiego bezpieczeństwa".

<u>Wyobraź sobie, że unosisz się gdzieś w przestrzeni kosmicznej:</u>

Okrążasz Ziemię i otaczające ją chmury. Czujesz się bezpiecznie i wszystko jest dobrze. Twoje Ciało unosi się z łatwością w tej ogromnej przestrzeni. Wszystko wydaje się płynąć w zwolnionym tempie, nawet Twoje myśli.

Wyobraź sobie teraz, że oddalasz się od Ziemi. Szybko. Mijasz różne rodzaje planet i gwiazd. Oddalasz się coraz bardziej i bardziej, mknąc przez gigantyczny Wszechświat.

Nagle, czujesz że przyciąga Cię mała planeta w pobliżu. Posiada przyjemną, lekko różowawą atmosferę. Decydujesz, że zatrzymasz się tutaj na chwilę.

Po wylądowaniu, siadasz na czymś przypominającym kamienie wznoszące się z czegoś, co przypomina glebę. Tylko że zarówno ziemia, jak i kamienie są różowe.

Podczas gdy odpoczywasz, obserwujesz ten dziwny krajobraz i zauważasz, że zaczyna się on zmieniać/przekształcać w bardziej znane Ci już skądś otoczenie, coś, co lubisz lub do czego jesteś przyzwyczajony/-a. Może to wyglądać jak Twoje stare sąsiedztwo, ogród przy Twoim domu, park, do którego chodziłeś/-aś z psem na spacer lub jakąś inną okolicę czy też gospodarstwo na wsi, gdzie może się wychowałeś/-aś lub które odwiedzałeś/-aś w czasie wakacji.

A teraz nadszedł już czas, by opuścić tę dziwą planetę i kontynuować swoją podróż.

Znowu mijasz po drodze kolejne gwiazdy i planety. I ponownie zauważasz jakąś planetę w pobliżu, do której coś Cię przyciąga.

Po wylądowaniu na niej, tak jak poprzednio, obserwujesz jak otoczenie kształtuje się w znany Ci krajobraz, wedle Twojego wyboru, który pozwala Ci dobrze się tutaj poczuć.

Po jakieś chwili, tak jak poprzednio, opuszczasz także i tę planetę i kontynuujesz swoją wycieczkę przez Wszechświat. Przemieszczając się swobodnie w przestrzeni, już wiesz co następnie się wydarzy: kiedy odwiedzisz kolejną planetę, po wylądowaniu na niej krajobraz stanie się tym, czym chcesz, żeby był.

Zauważ, jak chętnie i z jak wielką łatwością Twój Umysł kreuje przyjazne, znane Ci już otoczenie na tych wszystkich dziwnych planetach. Tak, abyś czuł/-a się bezpiecznie i komfortowo.

Cokolwiek uznasz za „swoje miejsce", staje się ono Twoim „swojskim bezpieczeństwem".

Bez względu na to, czy jest to spokojne czy destrukcyjne, absurdalne czy szkodliwe środowisko.

Można się przyzwyczaić nawet i do burzy z piorunami, jeśli będzie się ona mieścić w zakresie naszego „swojskiego bezpieczeństwa" lub w naszej strefie komfortu.

W każdych nowych okolicznościach lub otoczeniu, nasz Umysł ma tendencje do odtwarzania naszego doświadczenia z przeszłości. Adaptujemy to, co jest, do naszej własnej wizji.

Ludzie mogą odtwarzać te same stare doświadczenia w zupełnie nowych sytuacjach. Takie doświadczenia mogą być negatywne, rozczarowujące, bolesne lub zagrażające. To, do czego się przyzwyczaili, staje się ich „swojskim bezpieczeństwem".

Teraz - kiedy rozumiesz już mechanizmy własnej percepcji - wiesz, że poprzez zmianę swojej wizji siebie i świata, możesz zmienić swoje doświadczanie danej sytuacji.

Fizyczny świat jest Iluzją.

Moc Rozstania pozwala Ci uwolnić się od tej Iluzji.

Otwiera Cię na nowe możliwości doświadczania i poszerzania świadomości, którą jesteś.

Możesz jak najbardziej cieszyć się Iluzją – nie ma w tym nic złego.

Kiedy naprawdę wiesz, że to, czego doświadczasz, to Iluzja, przestajesz być więźniem własnego Umysłu.

Rozwijasz się i uczysz tego, czego potrzebujesz się dowiedzieć na swój temat.

W Naukach Nadziei Rozstanie jest reprezentowane liczbą Trzy.

„Skoro Rozstanie jest Trzecią Mocą, a jego symbolem jest liczba Trzy - to dlaczego Druga z Mocy, Rozwój, reprezentowana jest przez Pięć, a nie przez Dwa?

- Znaczenie cyfr symbolizujących Moce nie zależy od ich sekwencji - odrzekł. - Pomimo że Rozstanie jest Trzecią z Mocy i że jest reprezentowane przez liczbę Trzy - nie ma to nic wspólnego z kolejnością. Jak już dowiedziałaś się wcześniej, liczby przez nas używane odpowiadają rodzajom energii oraz zachodzących procesów. To wszystko.
- To wszystko - powtórzyłam i wzięłam głęboki oddech. - Chciałam się tylko upewnić.
- Nie ma potrzeby, aby pojąć wszystko od razu - dodał Mistrz widząc, że nie do końca zadowoliło mnie jego wyjaśnienie. - Po prostu przyjmij to tak, jak jest: liczby symbolizują energie oraz procesy odbywające się podczas działania każdej z Mocy.”

– *„Mistrz i Zielonooka Nadzieja”*

Rozdział 9

Czwarta Moc: Przemijanie

Świadomość, którą jesteśmy, nie ogranicza się ani do świata materialnego, ani do świata duchowego

„Czwarta Moc tworząca ten świat to Przemijanie - rzekł Mistrz.
- Nie rozumiem - brzmiała moja natychmiastowa odpowiedź.
- Przemijanie wynika z Rozstania, jednocześnie je tworząc.
- Nadal nie rozumiem - przyznałam - zwłaszcza że na temat przemijania wiem jedynie to, że kiedy coś przemija, przestaje istnieć.
- Widzę, że mówisz o śmierci fizycznej, Córko - powiedział - i że postrzegasz takową jako koniec istnienia. Natomiast ja mówię o czymś innym."

– *„Mistrz i Zielonooka Nadzieja"*

Bez względu na to, jakie są nasze przekonania lub w co wierzymy - mamy tendencję do lękania się Przemijania (nieprzetrwania/śmierci).

Wielu z nas doświadczyło już w swoim życiu utraty kogoś bliskiego. Być może był to ktoś z naszej rodziny lub przyjaciel, a może było to nasze ulubione zwierzę. Być może ich śmierć nastąpiła nagle, a może odeszli po prostu ze starości, albo z powodu jakiejś choroby. Bez względu na przyczynę, w większości przypadków odejście kogoś bliskiego wywołuje szok i ból.

Fizyczna śmierć jest często błędnie rozumiana, a lęki związane z Przemijaniem zakorzeniły się głęboko w naszej podświadomości według tego, jak zostaliśmy zaprogramowani przez naszych rodziców, nauczycieli, opiekunów, społeczeństwo, dogmaty religijne - lub cokolwiek, co wpłynęło na to, jak czujemy się na własny temat i na temat świata, w którym żyjemy.

Dla niektórych Przemijanie oznacza koniec istnienia. Dla innych Przemijanie to próg, drzwi do życia po śmierci, w którym będą kontynuować swoje istnienie jako Dusze. W zależności od naszych osobistych przekonań lub uwarunkowania kulturowego czy religijnego, mamy tendencję, aby postrzegać Przemijanie albo jako brutalne zakończenie naszego fizycznego życia, albo nieuniknony koniec naszej świadomości jako takiej. Bez względu na to, jakie są nasze przekonania, lub w co wierzymy - mamy tendencję do lękania się Przemijania.

Dlaczego obawiamy się Przemijania?

Dlatego, że jako świadomość, którą jesteśmy - pragniemy przetrwać, nie chcemy przeminąć.

Oprócz tego, mamy także tendencję do postrzegania naszego istnienia jako czegoś związanego albo z naszym fizycznym ciałem, albo z Duszą, na temat której wierzymy, że może „przebywać" w świecie duchowym na wieki wieków. Tak czy inaczej, istota naszego istnienia jest błędnie rozumiana.

Chociaż nie ma żadnej gwarancji ani na wieczność naszej istoty (lub Duszy) tak samo, jak nie ma żadnej gwarancji, że uda nam się obudzić następnego dnia - jako świadomość, którą jesteśmy - mamy jednak wybór co do naszego istnienia/przetrwania. A to z powodu istnienia hojnego Rozwoju - Drugiej Mocy (Rozdział 7).

Pamiętaj, świadomość jest tym, czym jest: wibracją, drgającym pulsem, sygnałem - który trwa tak długo, jak długo się rozwija i pozostaje świadomy siebie.

Co więcej: świadomość, którą jesteśmy, nie ogranicza się ani do świata materialnego, ani do świata duchowego.

Jako że świat materialny jest uznawany przez mechanikę kwantową (i niektóre wierzenia duchowe) za Iluzję, wielu ludzi dochodzi do wniosku, że to świat duchowy jest tym prawdziwym i rzeczywistym. I że Dusze przychodzą tu po to, aby doświadczyć „życia" w Iluzji Materii , a potem wracają „do domu" tj. do świata duchowego, gdzie „istnieją prawdziwie". Jednak takie wierzenia też mogą być ograniczające i wprowadzające w błąd.

„Materia i Duch są tylko Iluzją - rozpoczął ponownie. - Ci, którzy umierają śmiercią fizyczną, nadal pogrążeni są w Iluzji Materii i Ducha. Ich dusze nie są jeszcze wyzwolone, choć ich ciała są martwe."

– *„Mistrz i Zielonooka Nadzieja"*

Bez względu na to, czy doświadczamy/postrzegamy siebie w świecie materialnym czy duchowym – wszystko to jest tylko Iluzją.

Prawdziwe wyzwolenie z Iluzji następuje, kiedy zrozumiemy, że świadomość, którą jesteśmy może trwać TYLKO I WYŁĄCZNIE wtedy, gdy się rozwijamy, uwolnieni od Iluzji życia i śmierci w świecie fizycznym (materialnym) lub w świecie duchowym (spirytualnym).

Przemijanie - Czwarta Moc pomaga nam uwolnić się od Iluzji i otwiera nam drzwi do prawdziwego istnienia.

Nic nie może prawdziwie istnieć, kiedy jest uwięzione w Iluzji. Nic nie może prawdziwie istnieć, kiedy jest ograniczone koncepcjami, będącymi wytworami Umysłu. A dzieje się tak dlatego, że Umysł tworzy koncepcje w oparciu o wcześniejsze doświadczenia, gdyż w swojej wizji jest ograniczony do tego, co już wie, kiedy próbuje zrozumieć nieznane.

Umysł pojmuje nieznane przez pryzmat tego, co już jest dla niego znane.

W procesie wyzwolenia się z Iluzji i dalszego rozwoju, ważne jest, by przeszkolić swój mózg do używania tych części, które zazwyczaj są „uśpione" (nieużywane/w letargu).

Umysł wykorzystuje mózg jako swoje narzędzie do doświadczania istnienia w świecie fizycznym i angażuje go w naszą fizyczną, mentalną, emocjonalną i, w razie potrzeby, duchową ewolucję - niezbędną do naszego fizycznego przetrwania.

Dlatego też tak długo jak żyjemy w świecie fizycznym, naszemu prawdziwemu uwolnieniu się od Iluzji musi towarzyszyć obudzenie uśpionych/nieużywanych obszarów mózgu, które nie mają nic wspólnego z celem przetrwania.

Do czasu kiedy będziemy w stanie obudzić „uśpione" części naszego mózgu, nasz tzw. „rozwój duchowy" pozostanie jedynie kolejnym/innym sposobem na zapewnienie sobie fizycznego przetrwania.

A to oczywiście nie ma nic wspólnego z prawdziwym wyzwoleniem - choćbyśmy nie wiem jak mocno wierzyli, że jest inaczej.

„Przemijanie zarówno w Materii jak i Duchu jest tak naprawdę obudzeniem się, wyjściem z Iluzji. Przemijanie to początek naszego prawdziwego istnienia. Jest to jedynie krok przejściowy w całym procesie tworzenia. Co nie istnieje w Iluzji, zaczyna istnieć w jedności z Najwyższą Wibracją. Tylko takie istnienie jest prawdziwym. Poza Materią, poza Duchem."

– *„Mistrz i Zielonooka Nadzieja"*

W tej książce jesteś prowadzony/-a przez *Wewnętrzne Podróże*, które pozwalają Ci doświadczać siebie poza koncepcjami Twojego Umysłu, a także pozwalają Twojemu mózgowi łatwo przestawiać się z *postrzegania zmysłowego* na *postrzeganie duchowe* i odwrotnie. Te *Wewnętrzne Podróże* zostały tak zaprojektowane, by pomóc Ci poszerzyć swoją świadomość, wyostrzyć intuicję i wytworzyć lub poprawić wizję „trzeciego oka" - co w następstwie prowadzi do przebudzenia pewnych uśpionych obszarów mózgu.

Wewnętrzna Podróż

ODKRYWANIE/POZNAWANIE SWOJEJ PRAWDZIWEJ EGZYSTENCJI (SWOJEGO PRAWDZIWEGO ISTNIENIA)

Znajdź wygodną pozycję, w której nikt i nic nie będzie Ci przeszkadzać przez kolejne 20 minut.

Jeśli jesteś już gotowy/-a, zrób kilka głębokich oddechów.

Dobrze, właśnie tak.

Krok 1:

Za chwilę poproszę Cię o zamknięcie oczu i postępowanie zgodnie z poniższymi instrukcjami:

Opróżnij swój Umysł najbardziej, jak to możliwe, ze wszelkich zmartwień, myśli i oczekiwań.

Aby to zrobić, dobrze jest się skoncentrować na swoim oddechu: liczyć w myślach od 1 do 4 robiąc wdech, a następnie wstrzymać oddech, licząc od 1 do 4, po czym zrobić wydech, licząc od 1 do 4.

Po minucie lub paru minutach takiego oddychania, kontynuuj rytmiczne oddychanie w podobny sposób, ale już bez liczenia. To może wystarczyć do opróżnienia Twojego Umysłu. Jeśli jednak potrzebujesz więcej czasu, kontynuuj tę czynność dopóki samoczynnie pojawiające się myśli (hałas w Umyśle) się nie wyciszą.

Jesteś teraz gotowy/-a na kolejny krok.

KROK 2:

Wyobrazisz sobie, że podróżujesz, gdzieś w czasie i przestrzeni kosmicznej, nie będąc w swoim fizycznym Ciele. Wyobraź sobie, że jest to takie uczucie, jakbyś był/-a zrobiony/-a z jasnej „puszystej" energii, która radośnie pulsuje. Jak mgła, albo chmura, płynąca w ciemności.

Zamknij oczy TERAZ i otwórz je ponownie, kiedy ukończysz czynności opisane w tym kroku.

***

Dobrze. Otworzyłeś/-aś oczy.

Zrób kilka głębokich oddechów i opróżnij swój Umysł.

Teraz możesz przystąpić do kolejnego kroku.

KROK 3:

Przeczytaj to, co poniżej, a następnie zamknij oczy i wyobraź sobie następującą sytuację:

Kontynuujesz swoją podróż w przestrzeni w formie „puszystej" chmury energii. Czujesz się bardzo dobrze, bezpiecznie, wypełnia Cię spokój. Wówczas uzmysławiasz sobie, że w środku Twojej „puszystości" coś zaczyna się rozwijać. Skup się na tej rzeczy i zauważ, że jest to Twój Umysł, który się właśnie formuje. Masz teraz Umysł.

Powiedz na głos: „Mam teraz Umysł."

Zamknij oczy TERAZ i otwórz je ponownie, kiedy ukończysz czynności opisane w tym kroku.

***

Dobrze. Otworzyłeś/-aś oczy.

Zrób kilka głębokich oddechów i przejdź do następnego kroku.

KROK 4:

Znowu opróżnij Umysł i zamknij oczy. Otworzysz je, kiedy już wyobrazisz sobie następującą sytuację:

Dalej unosisz się w przestrzeni jako „puszysta" chmura energii i przez Twój Umysł przebiegają jakieś obrazy. Przyjrzyj się każdemu przez krótką chwilę, a potem pozwól im odpływać.

W pewnym momencie wyszeptaj do siebie: „Lubię być tu, gdzie jestem obecnie. Dobrze się tu czuję."

Następnie skieruj gałki oczne (pod zamkniętymi powiekami) w lewo i powiedz na głos: „Mam teraz Ciało."

Zamknij oczy TERAZ i otwórz je ponownie, kiedy ukończysz czynności opisane w tym kroku. (Przeczytaj powyższe ponownie, jeśli tego potrzebujesz.)

***

Dobrze. Otworzyłeś/-aś oczy.

Zrób kilka oddechów i napawaj się przez moment spokojem tej chwili. Pozwól, by Twoje Ciało całkowicie się odprężyło. Jeśli Twój Umysł zrobi się zbyt hałaśliwy, opróżnij go znowu.

Krok 5:

Ponownie zamkniesz oczy po tym, jak przeczytasz poniższe:

Wyobraź sobie, że unosisz się w przestrzeni kosmicznej, teraz już w swojej fizycznej formie - w swoim Ciele. To unoszenie sprawia Ci przyjemność, jest bardzo miłym uczuciem, kojącym dla Twoich zmysłów. Czujesz także, że w tej chwili nie ma dla Ciebie rzeczy niemożliwych. Czujesz, że nic nie może Cię w jakikolwiek sposób ograniczyć. Decydujesz się więc wylądować w miejscu, w którym wszystkie Twoje marzenia już się spełniły. Możesz je sobie wyobrazić jako równoległy wszechświat lub swoją „wymarzoną krainę". W tym pięknym miejscu, masz dokładnie takie życie, jakiego chcesz.

Wyląduj teraz w swojej wymarzonej krainie.

Nie zatrzymuj się w tej „wymarzonej krainie" (czy równoległym wszechświecie) na długo. Przybyłeś/-aś tutaj tylko po to, żeby poczuć przez moment, jakie to uczucie, gdy jest tak na stałe. Ciesz się tym miejscem przez krótką chwilę, pozwól sobie poczuć wewnętrzną radość.

Teraz skieruj swoje gałki oczne (pod zamkniętymi powiekami) w lewo i powiedz na głos: „Mam teraz Emocje."

Zamknij oczy TERAZ i otwórz je ponownie, kiedy ukończysz czynności opisane w tym kroku.

***

Dobrze. Otworzyłeś/-aś oczy. Możesz przejść teraz do kolejnego kroku.

Krok 6:

Po zrobieniu kilku głębokich oddechów i opróżnieniu swojego Umysłu, zamkniesz oczy i wyobrazisz sobie następującą sytuację:

Siedzisz na szczycie góry. U jej podnóża widać tysiące ludzi śpieszących w różnych kierunkach, przeżywających swoje życie jakby w przyspieszonym tempie. Kiedy obserwujesz, co się dzieje w ich świecie, czujesz, jak wzbiera w Tobie uczucie satysfakcji: odniosłeś/-aś sukces. Uciekłeś/-aś z ich świata i jesteś tu - u góry, ciesząc się swoją wolnością i czując się dobrze na własny temat. W Twoim Umyśle rodzi się taka myśl: „No proszę, jestem w o wiele lepszej sytuacji od tych, których widzę na dole."

Skieruj gałki oczne (pod zamkniętymi powiekami) w lewo i powiedz na głos: „Mam teraz Ego."

Nie formuj jakichkolwiek osądów na temat powyższego. Nie myśl o tym w tej chwili. Ważne jest, żebyś pozostał/-a wierny/-a swojemu doświadczeniu i nie pozwolił/-a swojemu Umysłowi, Emocjom, Ego ani Ciału dyktować Ci, co masz myśleć czy czuć w tym procesie. Zachowaj otwartość, nie oceniaj niczego - i zaufaj sobie.

Zamknij oczy TERAZ.

Dobrze. Otworzyłeś/-aś oczy. Ukończyłeś/-aś ten krok. Jesteś gotowy/-a na następny krok.

<u>Czytaj dalej - bez przetwarzania w sobie poprzedniego doświadczenia.</u>

Zrób kilka głębokich oddechów i opróżnij Umysł (licząc od 1 do 4 w myślach przy wdechu, potem licząc od 1 do 4 przy zatrzymaniu oddechu, a następnie licząc od 1 do 4 przy wydechu).

Zamkniesz oczy w celu przetworzenia w sobie całego doświadczenia tej swojej Wewnętrznej Podróży po tym, jak przeczytasz, co następuje:

„ topnie do Wyzwolenia

1. Schwytana przez Iluzję, *Uwięziona Dusza* nie jest w stanie dokonywać świadomych wyborów, jak i gdzie powinna się znaleźć. Jest ona często blokowana przez Ego, Emocje, Ciało lub Umysł, które reagują automatycznie na wszystkie nadchodzące doświadczenia, przeżycia.

2. Natomiast *Wyzwolona Dusza* świadomie korzysta z Iluzji bez odruchowych reakcji, lecz podejmując świadome wybory dla swego rozwoju i akceptując to, co jest najlepsze dla podniesienia wibracji: nieważne, czy dane doświadczenie jest bolesne czy przyjemne bądź satysfakcjonujące. Kiedy dane doświadczenie wypełni się do końca, wybiera inne, rozwijające ją - nie pozwalając Ego ani Umysłowi kontrolować lub unikać okoliczności, i bez względu na dolegliwości lub pragnienia Ciała czy Emocji.

3. Pragnieniem Duszy jest ciągły rozwój. Pragnieniem Ego, Emocji, Ciała i Umysłu jest kontrola siebie lub innych, unikanie przeszkód lub niewygód, uciekanie w Iluzję, pogoń za tym, co daje natychmiastową przyjemność, wyróżnianie lub wywyższanie siebie samego, zaspakajanie swoich dążeń, żądz, ambicji, potrzeb, głodu materialnego lub emocjonalnego, samosatysfakcja.

Pragnieniem *Wyzwolonej Duszy* po wypełnieniu się danego doświadczenia, jest doznanie kolejnego przeżycia, w celu podniesienia wibracji. To powoduje, że pojawiają się na jej drodze energie prowadzące ją tam, gdzie może najlepiej odbyć się jej dalszy rozwój, w konsekwencji przyczyniając się do wzrostu wewnętrznego szczęścia człowieka.

Pragnienia *Uwięzionej Duszy*, blokowanej przez Ego, Emocje, Ciało i Umysł, podyktowane są niezadowoleniem z tego, co przeżywa się obecnie (uważa się, że czegoś jest za mało, za dużo - nic tak, więc chce się lepiej, więcej, inaczej) lub niechęcią do tego, co pojawia się na horyzoncie (nie chcę, nie mogę, nie potrafię, nie mogę ścierpieć, to nie dla mnie). Taka postawa wywołuje opór, cierpienie, używanie siły lub manipulację - prowadząc do coraz większego rozczarowania i niezadowolenia z życia. Nawet jeśli czyjś status lub okoliczności się zmieniają - zadowolenie lub poprawa samopoczucia są tymczasowe i wcześniej czy później powraca niezadowolenie, rozżalenie, brak wewnętrznego szczęścia.

4. Największym cudem naszego istnienia jest to, że wszyscy jesteśmy w stanie doznać tak zwanego „przebudzenia" i wyzwolić własne Dusze. Kiedy stajemy się na to gotowi, „przebudzenie" przychodzi naturalnie - i jest to tak, jakbyśmy otrzymali prezent, dar.

Prezenty są bezpłatne. Mogą przyjść tylko przez otwarte drzwi. Jesteś gotowy, aby „otworzyć drzwi", w momencie gdy uświadomisz sobie, że jesteś gotowy, aby przyjąć dar. Usilne staranie się „otwarcia drzwi" w konsekwencji czyni nas oślepionymi przez własną koncepcję, ogłuszonymi przez wołania lub podszepty naszego Ego lub Umysłu. Tak oślepieni i ogłuszeni możemy niefortunnie „zablokować drzwi" i nigdy nie otrzymać naszego prezentu."

– *„Mistrz i Zielonooka Nadzieja"*

Przeczytaj powyższy fragment tyle razy, ile chcesz. Następnie zamknij oczy, by przetworzyć w sobie wszystko to, czego doświadczyłeś/-aś podczas tej *Wewnętrznej Podróży*. Nie śpiesz się, bez względu na to, ile czasu nie miałoby to zająć. Ważne jest, by pozwolić temu procesowi odbywać się w sposób harmonijny, w zgodzie z Twoim własnym rytmem.

Powróć do czytania tej książki, dopiero wtedy, gdy będziesz gotowy/-a. Wszystko jest dobrze. Wszystko jest dokładnie tak, jak ma być.

Zamknij oczy TERAZ.

***

Dobrze. Przetworzyłeś/-aś już w sobie tę *Wewnętrzną Podróż.*

Przemijanie uczy nas, że wszystko, czego doświadczamy w świecie fizycznym/materialnym oraz w świecie duchowym jest tylko podróżą, która pomaga nam znaleźć prawdziwe piękno naszego istnienia.

Jedyną miarą takiej podróży jest mądrość naszego Serca - czystej esencji naszego istnienia, gdzie jesteśmy wolni od wszelkich koncepcji, opinii i ograniczeń.

Aby być w harmonii z Przemijaniem, ważne jest, by żyć ze świadomością, że jedyną rzeczywistością jaka naprawdę istnieje - jest nasze doświadczenie. Jesteśmy tutaj, w tym świecie fizycznym/materialnym, by rozwijać się jako świadomość, którą jesteśmy, oraz by dać sobie szansę na osiągnięcie pełni naszego potencjału w tym życiu.

Dowiedz się, kim jesteś i znajdź swój własny życiowy cel.

Co by nie było dla Ciebie najważniejsze, co by nie było dla Ciebie najbardziej wartościowe w życiu - znajdź sposoby, by wnieść w to jakiś swój wkład.

Cel może oznaczać różne rzeczy dla różnych ludzi. Dla niektórych na pierwszy plan wychodzi kariera, dla innych wartości rodzinne lub duchowość, a dla jeszcze innych zmiany społeczne lub pomaganie innym. Wszystko, co powoduje „mocniejsze bicie serca" może być warte sprawdzenia. Zajrzyj w głąb swego Serca i sprawdź, co Ci podpowiada.

Przydatna afirmacja:

„Z ciekawością podążam Nową Drogą. Będę wiedzieć dokąd zmierzam, gdy uczynię kolejny krok. Z otwartością witam wszystko na swej Drodze, wiedząc jak ważne jest to dla mojego dalszego rozwoju i doświadczenia. Wiem, że mogę pokonać wszelkie przeszkody poprzez słuchanie wewnętrznego głosu, *Barometru Prawdy*. Coraz częściej jestem w zgodzie z Moim Sercem."

– Z książki „365 (+1) Afirmacji Pięknego Życia"

Co się dzieje, kiedy nie jesteśmy w harmonii z Czwartą Mocą:

Przemijanie jest powiązane z czwartą czakrą, nazywaną także „czakrą serca".

Niektórzy ludzie mówią, że jest ona zlokalizowana w okolicy serca i - chociaż nie jest to ściśle precyzyjne, jako że czakry nie są faktycznie związane z ciałem fizycznym w ten sposób - do celu wyobrażenia sobie systemu czakr możemy przyjąć, że tam właśnie się znajduje.

Kiedy Czwarta Moc nie jest w stanie swobodnie przepływać przez Twoją „czakrę serca", możesz odczuwać różne symptomy. Wielu uzdrowicieli zaobserwowało, że nieprawidłowe działanie czwartej czakry może wywołać nowotwór, problemy z sercem, problemy z krążeniem, mimowolne skurcze mięśni, zaburzenia pracy grasicy (symptomy takie jak: zadyszka, obrzęk twarzy, słabość mięśni, zaburzenia widzenia, podwójne widzenie, bóle szyi i/lub obrzęki szyi, rumienienie się, biegunki, astma itp.), problemy z kręgosłupem (najczęściej skolioza), częste przeziębienia (lub grypy), depresja, zaburzenia afektywne dwubiegunowe, zaburzenia osobowości typu borderline itp.

Lęki/obawy przed nieprzetrwaniem, lęk przed śmiercią, lęk przed zranieniem, lęk przed samotnością i ciągły stres/napięcie nerwowe są zwykle powiązane ze słabym funkcjonowaniem „czakry serca". Kiedy kierują Tobą takie lęki, możesz sabotować swoje związki, nigdy nie dojrzeć emocjonalnie, podświadomie przyciągać tzw. „nieodpowiednich ludzi" (kochanków, partnerów), możesz być podatny/-a na wypadki lub często znajdować się w sytuacjach zagrażających Twojemu zdrowiu/życiu.

Natomiast kiedy Twoja czwarta czakra jest nadmiernie aktywna, możesz narzucać się komuś ze swoją miłością/czułością, możesz być emocjonalnie zależny/-a od innych, nadopiekuńczy/-a w stosunku do swoich dzieci, a Twoja miłość może mieć pobudki egoistyczne.

Kiedy dostrajasz się do Czwartej Mocy - Przemijania, ważne jest byś sięgnął/sięgnęła po narzędzia, pomocne zarówno w stapianiu negatywnych wzorców w podświadomości jak i w emocjonalnym uzdrowieniu (medytacje prowadzone, codzienne afirmacje oraz nagrania audio zawierające pozytywne wiadomości pod-progowe).

Oczywiście także transformacja własnych Cieni po-maga dodatkowo w rozwijaniu się i podwyższaniu częstotliwości swoich wibracji.

<u>Aby zrównoważyć swoją „czakrę serca", możesz spróbować poniższego:</u>

- Joga

- Ćwiczenia oddechowe

- Terapia nawiązująca do przebaczania

- Terapia nawiązująca do wewnętrznego dziecka

- Masaże

- Kontakt z przyrodą, ogrodnictwo, aranżowanie krajobrazu

- Praca zespołowa, angażowanie się w grupy wzmacniające więzi pomiędzy ludźmi

- Opiekowanie się roślinami i/lub zwierzętami

- Oglądanie zachodu słońca, deszczu, opadów śniegu

- Unikanie czytania/oglądania thrillerów psychologicznych, książek/filmów akcji, horrorów

- Słuchanie muzyki celtyckiej, średniowiecznej, renesansowej, indyjskiej, klasycznej, rdzennej z Australii i Oceanii

- Słuchanie gry na i/lub gra na harfie, skrzypcach, flecie, pianinie

- Słuchanie częstotliwości solfeżowych na poziomie 639 HZ i 528 HZ, wykorzystywanych w leczeniu dźwiękiem

- Wakacje/wycieczki: Zachodnia Europa, Indie, Australia i Oceania.

- Rozrywka: aktywności grupowe, czytanie/oglądanie sag rodzinnych, romansów, fantastyki

- Zbieranie kamieni szlachetnych, roślin/ziół, dzieł sztuki rdzennych mieszkańców Indii, Australii, Oceanii.

- Oglądanie filmów dokumentalnych na temat plemiennych ceremonii zaślubin, spotkań rodzinnych po czasie rozłąki, zwierząt domowych

- Szukanie bliższych relacji z członkami rodziny i przyjaciółmi

- Inne pomocne czynności: medytacja, medytacja prowadzona

- Wszystko inne, co możesz uznać za pomocne dla zrównoważenia swojej „czakry serca": konkretne rodzaje jedzenia, przypraw, kamieni, metali lub zapachów (aromaterapia). Dużo informacji można znaleźć w odpowiednich książkach i artykułach. Niektórzy ludzie zgłaszają się także po pomoc do naprawdę dobrego/wiarygodnego Mistrza Reiki, bioenergoterapeuty lub jakiegoś innego uznanego/sprawdzonego uzdrowiciela

Kiedy jesteś w harmonii z Mocą Przemijania, przepływa ona swobodnie przez Twoją „czakrę serca" i pozwala Ci żyć w pełnej świadomości swoich doświadczeń.

Co to oznacza? Oznacza to, że świadomie wykorzystujesz Iluzję do celu poszerzania świadomości, którą jesteś, w harmonii z 7 Mocami. Wszystko, co myślisz i co robisz, staje się przemyślanym działaniem ukierunkowanym na Twój rozwój.

Kiedy nauczysz się już, jak wykorzystywać doświadczenia do swojego rozwoju, akceptując to, co jest, i świadomie wybierając, gdzie i jak znaleźć się w następnej kolejności, zaczynasz uwalniać się od Iluzji.

Możesz wówczas świadomie cieszyć się swoim życiem, doceniając i radując się istnieniem innych ludzi, będąc w harmonii z energią czystej Miłości (Rozdział 12).

Będąc wolnym od Iluzji, możesz cieszyć się swoim prawdziwym istnieniem (prawdziwą egzystencją).

Nauki Nadziei używają liczby 4[(4)], by symbolicznie wyrazić Czwartą Moc - Przemijanie. Poniższy fragment z „Mistrza i Zielonookiej Nadziei" wyjaśnia to bardziej szczegółowo:

„ 7 — 5 + 2 → 4 [(4)]
Życie minus Rozwój plus Dualizm Manifestacji (jako Duch i Materia) powoduje Przemijanie (Czwartą Moc). A to oznacza:

Gdy życie przestaje się rozwijać (śmierć fizyczna) - można powiedzieć, że Rozwój jest „odjęty" od Życia. A jeśli ktoś, kto umiera śmiercią fizyczną nauczył się jak odejść od Iluzji, wtedy on/ona budzi się w Prawdzie (czyli jest jakby „dodany" do Manifestacji Najwyższej Wibracji).

Cały ten proces powoduje prawdziwe Przemijanie (a nie tylko śmierć fizyczną). I stąd ten wzór kończy się liczbą 4 [(4)] - symbolem Przemijania."

Rozdział 10

Od Rozstania Do Piątej Mocy: Rozpoznawania/Postrzegania

Rozpoznawanie/postrzeganie,
że wszyscy jesteśmy częścią Jednej Całości
polega na rozpoznawaniu/postrzeganiu
Czystej Miłości we wszystkim

„Piątą z Mocy - powiedział - jest Rozpoznawanie, Postrzeganie Miłości we wszystkim, co istnieje.
- Jak to - Miłości? - Byłam zaintrygowana.
- Niektórzy twierdzą, że Najwyższa Wibracja utworzona jest z tzw. Czystej Miłości, czy też Miłości Bezwarunkowej. Istotnie, jest to częściowo prawdą: Czysta Miłość jest bowiem jednym z aspektów Najwyższej Wibracji. Tak więc można ten aspekt, czyli Miłość, odnaleźć we wszystkim.
(...) - Czym więc jest dokładnie ta Piąta Moc, Ojcze?
- Nazywamy ją Rozpoznawaniem lub też Postrzeganiem. Kiedy jesteś w stanie rozpoznać i postrzegać wszystko oraz wszystkich jako część Najwyższej Wibracji, dostrzegasz we wszystkim obecność Czystej, Bezwarunkowej Miłości. Rozpoznawanie symbolizowane jest poprzez Jedynkę w naszej świątyni.
- Dlaczego akurat przez liczbę Jeden? - zapytałam.

- Jedynka oznacza Jedność. Rozpoznawanie we wszystkim i wszystkich obecności Czystej Miłości jednoczy i uznaje wszystkich jako równych. Wszystko zatem staje się jednym. Mam tu na myśli wszystko. Bez wyjątków."

– *„Mistrz i Zielonooka Nadzieja"*

Być może słyszałeś/-aś już to stwierdzenie: „Wszyscy jesteśmy jednym/jedną całością" - jeszcze zanim sięgnąłeś/-aś po tę książkę i zanim przeczytałeś/-aś w Rozdziale 2 o Połączalności (mechanika kwantowa: wszelkie rzeczy, które kiedykolwiek w jakikolwiek sposób na siebie oddziaływały, są na zawsze połączone, „powiązane"). I być może już się nad tym zastanawiałeś/-aś.

Czym jest ta „Jedność/Jedna Całość", o której mówią niektórzy ludzie? Dlaczego to ważne, by zrozumieć, co to oznacza? A także - co mamy zrobić z taką wiedzą?

Faktycznie samo powtarzanie stwierdzenia, że wszystko jest Jednością, nie wystarczy. Miłość, rozwój duchowy i bycie jednym ze wszystkim - pozostają abstrakcyjnymi koncepcjami dla Umysłu tak długo, jak długo istnieje rozłam pomiędzy takimi koncepcjami a życiem, jakie prowadzimy.

W Rozdziale 5 już się dowiedziałeś/-aś, że:

Wszyscy jesteśmy częścią jednego pięknego Wielkiego Projektu, który równocześnie jest Wielkim Projektem i Wielkim Projektantem - co oznacza, że Projekt zaprojektował sam siebie.

Nie próbujmy debatować nad tym, jak to się wszystko faktycznie zaczęło, czy też nad tym, skąd pochodzi Wielki Projekt/Projektant - czy też Świadomość, którą można nazywać Bogiem/Boginią, Duchem, Siłą Wyższą, Absolutem czy Najwyższą Wibracją - jak mówimy w Naukach Nadziei.

Nie to jest celem tej książki. I nie jest naszym celem powiedzieć Ci, jaka religia czy poglądy filozoficzne są dla Ciebie najlepsze.

Nauki Nadziei cenią i szanują wszystkie wierzenia w równym stopniu:

Postrzegamy wszystkie religie i poglądy filozoficzne zasadniczo jako wyrazy konkretnych lokalnych i kulturowych uwarunkowań, które sprawiają, że ludzie w określony sposób postrzegają Boga/Boginię/Ducha/Siłę Wyższą/Absolut itp. i w określony sposób oddają mu/jej hołd.

Jednak wszystkie są pełne ludzkiej mądrości, do której można mieć dostęp, nie skupiając się na konkretnych wierzeniach, które promują.

„Znajdź swój własny, prawdziwy związek z Bogiem albo za pośrednictwem religii, w której wyrosłeś/-aś, albo czegoś zupełnie nowego, ale takiego, co naprawdę pozwoli Ci się rozwinąć i zbliżyć do Boga. Twój związek z Bogiem musi się zacząć w Twoim sercu, dopiero potem wybierzesz taką drogę, która będzie Ci najbliższa."

– *„Mistrz i Zielonooka Nadzieja"*

Moc Rozpoznawania / Postrzegania jest kolejnym krokiem do pełnej aktualizacji/spełniania się świadomości, którą jesteś.

Jest kolejnym krokiem na drodze ku wyzwoleniu Twojej Duszy i jest bezpośrednio powiązana ze stanem szczęścia w Twoim życiu.

<u>W pełni wyzwolona Dusza pozostaje w harmonii z Rozpoznawaniem / Postrzeganiem i rozumie Jedność nas wszystkich:</u>

Poczucie jedności ze wszystkim przynosi radość, harmonię, satysfakcję ze swojego życia, postrzeganie wszystkiego jako wartościowego doświadczenia, przezwyciężenie podświadomych lęków, spełnianie swoich marzeń bez wyrządzania szkody planecie ani innym, znalezienie swojego własnego celu w życiu i radość życia/szczęście.

Poczucie separacji/oddzielenia przynosi konkurencję, walkę, stres, utrwalanie podświadomych lęków, niemożność osiągnięcia poczucia spełnienia w życiu, powoduje szkodzenie planecie i innym, nienawiść, złość, negatywność i brak radości życia/brak szczęścia.

Szczęście w życiu lub jego brak zależy od tego, czy dostrzeżemy, że wszyscy jesteśmy połączeni i jesteśmy częścią Jednej Całości (tj. w Jedności z Najwyższą Wibracją) czy też raczej wierzymy, że jesteśmy odrębni/odizolowani od wszystkich i wszystkiego.

„Pozwól mi użyć analogii już gdzieś zasłyszanej, abym mogła wyjaśnić wzajemne połączenie nas wszystkich.
- Nie ma nic złego w starych analogiach - powiedział Mistrz.
Przypomniałam więc, że niektórzy mówili, że jesteśmy niczym ocean. Wyobraziłam sobie ogromne, niebiesko-zielone głębiny i pomyślałam, że wszyscy jesteśmy jak kropelki wody w oceanie. To właśnie z tych kropli składał się ocean. Niektóre krople płynęły na wierzchu fal i odbijały promienie słońca i księżyca. Inne krople unosiły łodzie i statki. Inne stale rozbijały się o przybrzeżne skały, a jeszcze inne podskakiwały w górę i w dół, kręcąc się i tworząc wiry.
- Każda „kropla" ma inne przeznaczenie, inny sposób bycia częścią „oceanu"- zgodził się Rhami-yata.
Kontynuowałam swoją historię, koncentrując się najpierw się na tych podskakujących kropelkach. Można było powiedzieć, że miały dynamiczną, „aktywną" naturę i gdy inne krople znalazły się w pobliżu, często też zostały wciągane w ich wir. Niektóre krople znajdowały się w samym środku wiru, a niektóre po prostu pozostawały na jego krawędzi.
Ten obraz trochę mnie rozbawił. - Wydaje mi się - powiedziałam - że krople generalnie przyglądają się innym kroplom i często wyciągają wnioski z ich „zachowania", tworząc o nich opinię. A potem mówią: „Och, popatrz na tę kroplę, co tak skacze w górę i w dół: stworzyła wokół siebie taki duży wir kropli. Musi zatem to być bardzo wyjątkowa kropla, lepsza i dużo ważniejsza od nas! To prawdziwa gwiazda! Wielki polityk lub fascynująca celebrytka".
Rhami-yata uśmiechnął się. - Rzeczywiście, Hermenethre, może to działać w ten sposób.
Krople z mojej historii przyglądały się teraz tym, które rozbijały się o skały i niemal słyszałam ich komentarze, jak trudne i bolesne muszą prowadzić życie. Obserwując je, zastanawiały się, co też takiego one zrobiły, że spotkała ich taka kara, albo być może były tak durne, żeby tak ciężko pracować. - My musimy być o wiele lepsi niż oni! - pysznili się niektórzy. - Bo wszystko, co musimy robić, to tylko płynąć sobie na grzbiecie fali i odbijać światło.

Musimy być uprzywilejowanymi, ważnymi kroplami.
Mistrz skinął powoli głową, obserwując mnie bacznie, kiedy snułam moją opowieść. Jego oczy miały teraz granatowo-zielony odcień, zupełnie jak głębiny oceanu, który stworzyłam w swojej imaginacji.
- W ten sposób krople programują zarówno siebie jak i innych - powiedziałam. - Kiedy na przykład my, te dynamiczne, kreatywne „krople", podskakujemy i tworzymy wiry, czasem z tego powstają „słynne" zamieszania lub robi się z tego głośny „plusk" - dostrzeżony w całej okolicy. No tak, to może być świetna przygoda - jednak stworzenie „wiru" czy głośnego „plusku" nie jest tutaj najważniejsze. Przynajmniej tak to czuję.
Rhami-yata spytał, co w takim razie było moim zdaniem najważniejsze. Kiedy zadawał to pytanie, jego oczy nabrały szarego koloru zupełnie jak posągi, które były niemymi świadkami wszystkiego, co kiedykolwiek zdarzyło się tutaj, w Komnacie Siedmiu Mocy.
Spojrzałam w jego oczy, a potem popatrzyłam na kamienne figury. Zrozumiałam w tym momencie, że każda „kropla w oceanie" ma swoje niepowtarzalne zadanie, wyjątkową rolę. Dzięki tej roli uczymy się i rozwijamy, zdobywając mądrość i wiedzę poprzez doświadczenia. Każda rola jest tak samo ważna. Nikt nie jest lepszy, ani gorszy od nikogo. Każdy jest wyjątkowy i nie może być pominięty, wymieniony lub zapomniany. Każde doświadczenie każdej pojedynczej „kropli", jest źródłem mądrości dla całego „oceanu"."

– *„Mistrz i Zielonooka Nadzieja"*

Rozpoznawanie/postrzeganie, że wszyscy jesteśmy częścią Jednej Całości polega na rozpoznawaniu/postrzeganiu Czystej Miłości we wszystkim.

Chociaż Czysta Miłość jest tylko jednym z aspektów Najwyższej Wibracji - jest tym, który wszyscy mogą najłatwiej rozpoznać, dlatego że wszyscy w głębi siebie tęsknimy za Czystą Miłością (w taki czy inny sposób), kojarząc ją z dobrocią, altruizmem, wyższą świadomością i szczęściem.

Im wyższy poziom naszej świadomości, tym więcej szczęścia jesteśmy w stanie stworzyć w życiu dla siebie i innych.

Poziom naszej świadomości jest bezpośrednio związany z poziomem naszego szczęścia.

Szczęście pomaga nam generować nowe pomysły, wykraczać poza konkretne informacje, myśleć nieszablonowo i znajdować więcej kreatywnych rozwiązań.

Otwiera to drzwi do lepszego zrozumienia mechanizmów życia, poszerzania naszej świadomości i wychodzenia poza nasze ograniczenia.

Stan świadomego szczęścia JEST naszym wyborem.

Tak, jak wszystko inne, czego świadomie doświadczamy, wymaga jednak naszej uwagi, jeśli chcemy go zainicjować, a potem utrzymać.

Nie mówimy tutaj o Twojej emocjonalnej reakcji na bodźce zewnętrzne.

Radość, smutek, złość lub frustracja, jakie odczuwasz, reagując na ludzi lub sytuacje - świadczą jedynie o stanie Twojej percepcji.

W zależności od Twojej wizji siebie i Twojej wizji świata - reagujesz i doświadczasz życia, samego siebie i świata wokół w określony sposób.

Zauważyłeś/-aś prawdopodobnie, że są na świecie ludzie, których szczęśliwy sposób bycia nie jest uzasadniony żadną logiką, do której jesteśmy przyzwyczajeni. Ludzie tacy potrafią zachować stan poczucia szczęścia bez względu na okoliczności. Niektórzy z nich mogą być biedni, niewykształceni, a nawet niepiśmienni. Niektórzy z nich prowadzą standardowe życie, mają normalną pracę i zmagają się z podobnymi problemami, co reszta społeczeństwa. Niektórzy są zamożni, czasem sławni, a niektórzy bardzo bogaci. Niektórzy z nich mogą być nieuleczalnie chorzy lub cierpieć z głodu - właśnie teraz, kiedy o tym mówimy, gdzieś tam w najuboższych rejonach świata.

Bez względu na to, skąd pochodzą i w jakiej znajdują się sytuacji, osoby te mają jedną wspólną cechę: pozostają szczęśliwi. Wydaje się, że jest to ich naturalny sposób bycia. Myślimy często o takich ludziach jak o szczęściarzach. Często mówimy, że „już tacy się urodzili".

Otóż mam dla Ciebie dobrą wiadomość: Ty też się taki/-a urodziłeś/-aś.

To co się potem stało?

Mogło być wiele powodów tego, co spowodowało Twoje osobiste doświadczenia i utratę Twojej wrodzonej radości życia. Zwykle możemy zawęzić je do konkretnego programowania, któremu zostaliśmy poddani w dzieciństwie lub wczesnej młodości. Programowanie to sprawia, że postrzegamy świat i reagujemy na niego jak roboty, automaty - zawężając naszą świadomość do prostego ślepego narzędzia ukierunkowanego na bodziec-reakcję.

Wszystko, co ciągnie Cię w dół, kłóci się z Twoim naturalnym poczuciem szczęścia. Kiedy trzymasz się kurczowo przeszłości, nadal odczuwasz toksyczne uczucia spowodowane bolesnymi wspomnieniami przeszłych zdarzeń.

Czy często żałujesz tego, co kiedyś uczyniłeś/-aś lub czego nie uczyniłeś/-aś? Czy często żałujesz, że nie wybrałeś/-aś innego kierunku w życiu? Czy wolał(a)byś mieć inną przeszłość? Czy chciał(a)byś mieć jeszcze raz szansę, żeby zrobić pewne rzeczy inaczej?

Jeśli Twoja odpowiedź brzmi „tak" – Twoje życie napędzane jest przez poczucie winy lub żal.

Prawdopodobne jest, że nie możesz osiągnąć w życiu prawdziwego sukcesu ani szczęścia, bo podświadomie sabotujesz swoje własne życie.

Kiedy utrzymujesz w sobie żal i gniew, pozwalasz starym wspomnieniom kontrolować swoje życie. Podświadomie tworzysz więcej sytuacji w życiu, w których ktoś może Cię znowu skrzywdzić.

Kiedy utrzymujesz w sobie żal i gniew, rezygnujesz ze swojego szczęścia i poprzestajesz na byciu zgorzkniałym i nieszczęśliwym. Nie możesz znaleźć wewnętrznego spokoju i tracisz radość.

Jedynym wyjściem jest przebaczenie sobie i tym, którzy Cię zranili, i pójście dalej.

Poczucie winy i złość zamykają nasze Serca i sprawiają, że jesteśmy ślepi na Czystą Miłość.

Kiedy przebaczysz tym, którzy Cię zranili - nie musisz się z nimi przyjaźnić, przebywać ani nawet się z nimi kontaktować. Wszystko, co musisz zrobić, to przebaczyć im w głębi swojego serca.

Kiedy im przebaczasz, robisz to dla siebie. Aby być szczęśliwym i spełnionym. Zasługujesz na lepsze życie, na bycie wolnym od starego bólu i nieograniczonym swoją przeszłością. Jesteś tego wart(a).

Twoje Serce wie, jak przebaczać. Twój Umysł wie, jak być wolnym. Potrzebują tylko Twej zgody, by wykonać swe zadania.

Wewnętrzna Podróż

UWALNIANIE SIĘ OD POCZUCIA WINY I ZŁOŚCI

Znajdź wygodną pozycję, w której nikt i nic nie będzie Ci przeszkadzać tak długo, jak zechcesz. Jeśli jesteś już gotowy/-a, zrób kilka głębokich oddechów.

Dobrze. Za chwilę poproszę Cię o zamknięcie oczu i postępowanie zgodnie z poniższymi instrukcjami:

Krok 1:

A. Wyobraź sobie, że siedzisz na plaży, przodem do pięknego szmaragdowego oceanu. Obserwujesz łagodne fale i czujesz, jak w Twoim sercu wzbiera cicha radość.

B. Zauważasz, że także inne dodatkowe uczucie zaczyna wypełniać Cię od środka: tęsknota. Czujesz potrzebę bycia jednym z pięknym oceanem. Wiesz, że odrębność od niego jest tylko Iluzją. Należysz do oceanu, tak samo jak ocean należy do Ciebie. Wspaniale jest poczuć, że jesteś częścią wszystkiego, co Cię otacza.

Zamknij oczy TERAZ i otwórz je ponownie, kiedy ukończysz czynności opisane w tym kroku.

***

Dobrze. Otworzyłeś/-aś oczy.

Krok 2:

Zrób kilka głębokich oddechów i przejdź do następnego kroku. Zamkniesz znowu oczy i otworzysz je ponownie, kiedy ukończysz kolejne zadanie:

A. Uzmysłów sobie, że tym, co trzyma Cię w Iluzji odrębności od oceanu, są wybory, których dokonujesz.

Następnie uświadom sobie, że zamiast po prostu dokonać innego wyboru, kiedy już uświadomisz sobie konsekwencje poprzedniego wyboru, wykazujesz tendencję do obwiniania się za to, co wcześniej wybrałeś/-aś lub czego nie wybrałeś/-aś.

Twoja negatywność w rezultacie wpływa na - a także ogranicza - Twoje dalsze wybory.

B. Podejmujesz decyzję, by przebaczyć sobie wszystko, za co się winisz. Zwróć gałki oczne w lewo (pod zamkniętymi powiekami) i powiedz na głos lub wyszeptaj słowa przebaczenia dla samego/samej siebie.

Na przykład:

“Przebaczam sobie to, że nie pozwalałem/-am sobie być wszystkim, czym mogę być.

Przebaczam sobie to, że utrzymywałem/-am w sobie stary ból i bolesne wspomnienia.

Przebaczam sobie to, że nie osiągnąłem/-am jeszcze tego, co chciałem/-am osiągnąć.

Przebaczam sobie to, że nie miałem/-am wysokiego mniemania o sobie i innych.

Przebaczam sobie to, że nie akceptowałem/-am siebie w pełni takiego/takiej, jakim/jaką jestem.”

Użyj dowolnych słów by przebaczyć sobie cokolwiek chcesz. A następnie powiedz:

“W pełni akceptuję siebie takim/taką, jakim/jaką jestem.”

Zamknij oczy TERAZ i otwórz je ponownie, kiedy ukończysz zadanie.

***

Dobrze. Otworzyłeś/-aś oczy.

Zrób kilka głębokich oddechów i daj sobie trochę czasu na przetrawienie tego, co się właśnie stało.

Jeśli czujesz potrzebę uwolnienia emocji, popłakania lub zrobienia sobie przerwy w czytaniu - zrób to. Ufaj swojemu własnemu procesowi. Nie ma pośpiechu.

***

Dobrze. Wróciłeś/-aś do tej *Wewnętrznej Podróży.* Teraz możesz przejść do kolejnego kroku.

KROK 3:

Zrób kilka głębokich oddechów. Skup się na swoim oddechu i opróżnij Umysł (możesz znaleźć wskazówki co do tego, jak opróżnić Umysł w instrukcjach Wewnętrznej Podróży w Rozdziale 9, na stronie 178-179 - jeśli nie pamiętasz, jak to zrobić).

Za chwilę poproszę Cię o zamknięcie oczu i postępowanie zgodnie z poniższymi instrukcjami:

Przypomnij sobie wszystkich ludzi, który świadomie lub nieświadomie sprawili Ci ból, dyskomfort lub kłopoty.

Tak, jak Twoja negatywność w stosunku do siebie samego/samej ogranicza Cię i trzyma Cię w Iluzji, tak też działa Twój ból/rany i obwinianie skierowane na innych.

Z zamkniętymi oczami, wyobrażaj sobie po kolei ich twarze, jedna za drugą, i powiedz do każdego z nich:

„Przebaczam ci, Nic nie jesteś mi już winny/-a. Uwalniam się teraz od bolesnej więzi, jaką stworzyliśmy. Pójdę swoją drogą, a Ty idź swoją."

Daj sobie odpowiednio dużo czasu na ukończenie tego kroku. Może być nawet konieczne zrobienie tego w częściach, w razie gdybyś nie przypomniał/-a sobie wszystkich od razu.

Możne też zrobić powyższe ponownie, tyle razy ile chcesz, jeśli poczujesz taką potrzebę. Nie ma żadnych zasad co do tego, jak należy przejść tę *Wewnętrzną Podróż*. To zależy tylko od Ciebie.

Kiedy ukończysz to zadanie, daj sobie czas na przetrawienie całego tego doświadczenia.

Wróć do czytania tej książki, kiedy poczujesz się gotowy/-a na kontynuację.

Zamknij oczy TERAZ.

***

Dobrze. Wróciłeś/-aś do czytania tej książki.

Piąta Moc - Rozpoznawanie/Postrzeganie uświadamia nam nie tylko obecność Najwyższej Wibracji we wszystkim, co istnieje, ale także pomaga nam zauważyć ludzką życzliwość pod zewnętrzną powłoką ludzkich niedoskonałości. Gdzieś tam w środku, wszyscy chcemy tego samego: spokojnego, szczęśliwego, spełnionego życia.

Poszukując harmonii we wszystkich zdarzeniach, zaczynamy rozpoznawać/postrzegać wszystko i wszystkich jako część jednego ogromnego pola energii.

Każdy z nas posiada indywidualne doświadczenia, a jednak wszyscy jesteśmy częścią ogromnej wspólnoty, tego symbolicznego oceanu, gdzie wszyscy jesteśmy ze sobą wzajemnie powiązani, tak jak krople w oceanie. W tym sensie - nigdy nie jesteśmy sami.

Bez względu na to, czy jesteśmy tego świadomi, czy nie, należymy do świata w taki sam sposób, jak świat należy do nas.

Z powodu działania Piątej Mocy - Rozpoznawania (lub Postrzegania) doświadczamy zmiany w naszej percepcji, przejścia od dyskomfortu do świadomości, że Miłość i przyrodzona Radość objawia się we wszystkich formach życia.

Co się dzieje, kiedy nie jesteśmy w harmonii z Piątą Mocą:

Rozpoznawanie/Postrzeganie jest powiązane z piątą czakrą, nazywaną także „czakrą gardła".

Niektórzy ludzie mówią, że jest ona zlokalizowana w okolicy jabłka Adama i, chociaż nie jest to ściśle precyzyjne - jako że czakry nie są faktycznie związane z ciałem fizycznym w ten sposób - do celu wyobrażenia sobie systemu czakr możemy przyjąć, że tam właśnie się znajduje.

Kiedy Piąta Moc nie jest w stanie swobodnie przepływać przez Twoją „czakrę gardła" możesz odczuwać różne symptomy. Wielu uzdrowicieli zaobserwowało, że nieprawidłowe działanie piątej czakry może spowodować między innymi problemy z układem oddechowym (astmę, chorobę płuc itp.), nieprawidłowe funkcjonowanie tarczycy, problemy z zębami, dziąsłami, szczęką, migdałkami, szyją, strunami głosowymi, jąkanie się (lub inne problemy z mową) oraz zaburzenia w działaniu przewodu pokarmowego.

Kiedy piąta czakra jest niewystarczająco aktywna, dana osoba może być introwertykiem - nieśmiałym i niechętnym do wypowiadania prawdy. Nadmiernie aktywna piąta czakra może z drugiej strony powodować, że dana osoba mówi zbyt dużo (zwykle trzymając innych na dystans) i jest słaba w słuchaniu.

Także lęki przed byciem ocenianym i lęki, że jest się nieudolnym (bądź nieudacznym) są zwykle powiązane ze słabym funkcjonowaniem „czakry gardła". Znajdując się pod kontrolą takich lęków, możesz mieć zaburzoną wizję siebie i nie tylko czuć się odrębnym od świata, ale także bać się życia. Możesz zacząć cierpieć z powodu socjofobii (fobii społecznej), nigdy nie próbując być w prawdziwym związku lub nigdy nie pozwalając sobie osiągnąć pełni swojego potencjału.

Kiedy dostrajasz się do Piątej Mocy - Rozpoznawania/Postrzegania, ważne jest byś sięgnął/sięgnęła po narzędzia, pomocne zarówno w stapianiu negatywnych wzorców w podświadomości, jak i w emocjonalnym uzdrowieniu (medytacje prowadzone, codzienne afirmacje oraz nagrania audio zawierające pozy-tywne wiadomości podprogowe). Oczywiście także transformacja własnych Cieni pomaga dodatkowo w rozwijaniu się i podwyższaniu częstotliwości swoich wibracji.

Aby zrównoważyć swoją „czakrę gardła”, możesz spróbować poniższego:

- Joga

- Ćwiczenia oddechowe i rozciągające

- Terapia nawiązująca do wybaczania

- Kontakt z przyrodą i wodą w jakiejkolwiek formie (spacerowanie, jazda na rowerze, pływanie, żeglowanie)

- Spacerowanie w deszczu, po plaży, wspinanie się po wzgórzach/górach

- Unikanie czytania/oglądania negatywnych wiadomości, plotek, narzekania, horrorów, magazynów/książek/filmów podtrzymujących lęki

- Słuchanie muzyki klasycznej, barokowej i symfonicznej, opery, a także śpiewów gregoriańskich, tybetańskich, śpiewów i muzyki rdzennej ludności Australii oraz Ameryki Południowej i Północnej

- Słuchanie gry na / granie na harfie, flecie, saksofonie, trąbce i innych instrumentach dętych

- Słuchanie częstotliwości solfeżowych na poziomie 741 i 528 HZ (wykorzystywanych w leczeniu dźwiękiem)

- Wakacje/wycieczki: wycieczki na łono natury, zwiedzanie ruin/zabytków starych cywilizacji, Europa, Indie, Ameryka, Australia, Oceania

- Pomocne czynności: medytacja, relaksacja

- Wszystko inne, co możesz uznać za pomocne dla zrównoważenia swojej „czakry gardła": konkretne rodzaje jedzenia, przypraw, kamieni, metali lub zapachów (aromaterapia). Dużo informacji można znaleźć we właściwych książkach i artykułach.

Także pomocne: znaleźć naprawdę dobrego/wiarygodnego Mistrza Reiki lub innego bioenergoterapeutę. Niektórzy uznają też za pomocne zgłębianie nauk Mistrzów Duchowych (wschodnich/zachodnich/szamańskich) i albo praktykowanie ich lub studiowanie ich, czy też porównywanie ich do swojego własnego rozumienia świata i siebie

Dostrajając się do Mocy Rozpoznawania/Postrzegania, dobrze jest pozwolić sobie na znalezienie miejsca do relaksu, w którym można się poczuć, jakby się było poza czasem:

Koncepcja czasu często wchodzi nam w drogę, kiedy poszukujemy Jedności, będąc jednocześnie uwikłanymi w życiowy pośpiech/pęd do czegoś.

„Czas linearny - pomyślałam, przestawiając zegar na właściwą godzinę - to następna koncepcja, która oddala nas od Najwyższej Wibracji. Jak wszystko inne, postrzegamy Boga poprzez nasze pojęcie czasu: jako siłę, która stworzyła nas w przeszłości, a z którą mamy połączyć się w przyszłości. Czyli po śmierci albo po tym, jak się staniemy „oświeceni", gotowi na to, by rozpłynąć się w Nirwanie - w zależności od tego, jakie są nasze wierzenia.

- Jednym słowem - pisałam dalej - gdybyśmy wyrzucili pojęcie czasu linearnego z naszych Umysłów, moglibyśmy w końcu poczuć wieczność oraz wszechobecność Czystej Miłości - a to dlatego, że nie byłoby to kondycjonalne, związane z przeszłością i przyszłością. Moglibyśmy poczuć jedność z Najwyższą Wibracją „tu i teraz", w ponadczasowej chwili. A taka wieczna chwila jest naszą prawdziwą rzeczywistością, poza Iluzją Materii, Ducha i Czasu."

– *„Mistrz i Zielonooka Nadzieja"*

Rozdział 11

Rozpoznawanie/Postrzeganie Prowadzi Do Szóstej Mocy: Rozstrzygania

Aby w pełni skorzystać z Mocy Rozstrzygania należy w pełni zaufać wizji swojego Serca

„Szósta z Mocy, o której nauczysz się dzisiaj, nazywa się Rozstrzyganiem - powiedział.
- Rozstrzyganiem? - powtórzyłam. - A o czym ta Moc decyduje?
- Rozstrzyganie lub też Przyzwalanie, pozwala na dokonywanie wyboru - odrzekł Rhami-yata. - Decyzja o tym, czy coś przyjdzie na świat lub nie, czyli decyzja o wszelkiej manifestacji, odbywa się za sprawą Rozstrzygania. Wybór musi być dokonany, aby cokolwiek mogło być stworzone przez Najwyższą Wibrację, zarówno w Świecie Materii, jak i Ducha.
- Rozumiem. Manifestacja nie może odbyć się bez Przyzwolenia, czy też - Rozstrzygania.
Mistrz skinął głową. - To prawda.
- A jaka liczba reprezentuję Szóstą Moc? - zapytałam.
- Dziewiątka oznacza Rozstrzyganie. Jest ona również cyfrą

reprezentująca wybór.
- Dziewiątka - czyli wybór. Także - Rozstrzyganie - powtórzyłam, czując niebywałą potęgę Szóstej Mocy.
Tak, istotnie, danym mi było w pełni zrozumieć i poczuć ogromną siłę Rozstrzygania. Nauczyłam się już bowiem ostatnio, dzięki wydarzeniom w swoim życiu, jak wielkie znaczenie ma dokonywanie wyboru, przyzwalanie. To nie przypadki decydowały o moim życiu. To ja, gdzieś na poziomie podświadomości, czy też nadświadomości, decydowałam, przyzwalałam memu życiu przyjąć taki lub inny kierunek. Pomimo że być może nie potrafiłam jeszcze robić tego świadomie, to ja rozstrzygałam jakoś o tym, aby wypełniło się to, co było mi przeznaczone. Nie byłam więc zaskoczona, że Szósta z Mocy, Rozstrzyganie, było niezbędne w tworzeniu świata."

– *„Mistrz i Zielonooka Nadzieja"*

Kiedy mówimy o Rozstrzyganiu, ważne jest, aby pamiętać, że chociaż tworzymy i współtworzymy nasze doświadczenie „rzeczywistości" w Iluzji Materii i Ducha, jednak niczego nie przywołujemy do istnienia.

Wszystko, o czym tylko moglibyśmy kiedykolwiek pomyśleć, już zostało zamanifestowane przez Najwyższą Wibrację, bez względu na to, czy chodzi o przeszłość, teraźniejszość czy przyszłość.

Tak naprawdę my niczego nie manifestujemy, tylko wybieramy spośród tego, co już JEST.

W tym sensie, w naszej własnej relacji z Szóstą Mocą - Rozstrzyganiem pozwalamy sobie doświadczyć tego, co wybraliśmy spośród tego, co było już zamanifestowane. Oto jak to działa:

„Chcę się nauczyć takiej magii, Ojcze! - zawołałam. - To znaczy - jeśli nie masz nic przeciwko temu.
Uśmiechnął się. Ależ Ty już to wszystko potrafisz, Hermenethre. Robisz to przez cały czas.
- Chyba żartujesz? Gdybym to umiała, mieszkałabym w złotym pałacu przez całe moje życie - roześmiałam się.
- Doprawdy? Być może. A może nie. Może wybrałabyś inaczej.
Ogromnie zaciekawiło mnie to, co powiedział, ale dało mi także do myślenia. Usiadłam na podłodze, mówiąc stanowczo - Proszę, wyjaśnij mi, dlaczego miałabym wybrać coś innego niż to, co byłoby dla mnie najlepsze. W jaki sposób dokonuję wyborów?
Mistrz usiadł także. - Po pierwsze, istnieje coś, co nazywamy „Światem Widzialnym", jak również coś, co nazywamy „Światem Niewidzialnym" - powiedział.
- Aha - przerwałam. - Masz pewnie na myśli to co „zamanifestowane" i „niezamanifestowane".
- Nie, Hermenethre. To nie jest to, o czym mówię.
Wyjaśnił, że rzeczywiście, niektórzy używają takiej terminologii, opartej na percepcji zmysłów. Co mogą zobaczyć i dotknąć, nazywają „zamanifestowanym" lub „objawionym" bądź „widzialnym". Czyli odnoszą te nazwy do Świata Materialnego. Podczas, kiedy mówią o Świecie Duchowym, którego nie można zobaczyć ani dotknąć, nazywają go „niewidocznym", lub „niezamanifestowanym".
(...) Zapytał mnie, czy przypominam sobie nasze pierwsze lekcje. Te, podczas których dowiedziałam się, że Najwyższa Wibracja zamanifestowała się w Materii i Duchu, lub innymi słowy - jako Świat Materialny i Duchowy.
- Tak więc możesz zauważyć, że zarówno Świat Materialny jak i Duchowy zostały już zamanifestowane - powiedział.

Skinęłam głową. - Rozumiem już teraz, Ojcze.
- Tak jak nie można dotknąć ani zobaczyć zmysłami Najwyższej Wibracji, która je stworzyła - pomyślałam. A jednak wiem, że Najwyższa Wibracja istnieje. Dlaczego?
Rhami-yata wyjaśnił, że to dlatego, iż moja Dusza mogła to dostrzec za pomocą swej „wizji". Najwyższa Wibracja była „widoczna" dla mojej Duszy, która nie postrzegała za pomocą zmysłów, lecz za pomocą swej „wizji" - pozwalającej jej wiedzieć o tym, co istniało poza nią samą.
- Można to w pewien sposób porównać do wizji jasnowidza - powiedział Rhami-yata - lub do „przewidywania", czy też do „olśnienia" - jakie można mieć w pewnych momentach, a potem okazuje się, że skądś, jakoś „wiedziało" się, co będzie. Jednak tego rodzaju „pozazmysłowego" widzenia Duszy nie należy mylić z wyobraźnią. Takie postrzeganie zachodzi bowiem poza wszelką wyobraźnią.
Zastanawiałam się nad tym przez chwilę. Wiele osób, które doświadczyło różnych wizji lub nagłego jasnowidzenia czuło, że to przychodzi znikąd. Oni „wiedzieli" poza zmysłami, a nie widzieli oczami. I ta wizja była dla nich jasna i rzeczywista. Próbowałam sobie wyobrazić, czy „wizja" Duszy była nieco podobna do takiego doświadczenia."

– „Mistrz i Zielonooka Nadzieja"

Twoja Dusza nie czuje bólu ani przyjemności. Nie dąży więc do niczego, co sprawiałoby przyjemność lub zaspokajałoby potrzeby Twojego Ciała, Emocji czy Ego.

Wybiera zgodnie z własną częstotliwością wibracji, tj. pociąga ją to, co ją przyciąga na poziomie wibracji. Jest to zwykle doświadczenie, które Dusza postrzega jako korzystne dla swojego rozwoju i dalszego poszerzania swojej wizji.

To, co Dusza postrzega jako kolejne najlepsze doświadczenie ku realizacji swojego celu, staje się Twoim następnym doświadczeniem życiowym.

Ponieważ Twoja Dusza nie czuje bólu tak jak Ty, możesz nieraz doświadczać różnych trudności, przeszkód czy zmagań. W takich sytuacjach najlepiej jest zrozumieć wartość swoich doświadczeń i popatrzeć na nie jak na okazje dla swojego rozwoju. Bo właśnie tym one są.

Czy zawsze musimy doświadczać trudności i bólu, żeby poprzez nie się rozwijać?

Oczywiście, że nie. Nie ma co do tego żadnych zasad. Jednak, ważne jest, by być w harmonii z celem własnej Duszy, a unikanie za wszelką cenę tego, co jest korzystne dla naszego rozwoju, choćby było nieprzyjemne, nie wydaje się wcale najlepszym pomysłem na życie.

<u>Są dwie opcje co do tego, jak można żyć świadomie i szczęśliwie:</u>

Można zaufać swojej Duszy i zaakceptować jej wybory dla siebie co do kolejnych doświadczeń LUB można tak wyszkolić swój Umysł, by był w stanie funkcjonować w świecie duchowym, stwarzając możliwości, spośród których będzie wybierać Dusza.

W obu przypadkach trzeba zaakceptować cel swojej Duszy jako najwyższy priorytet. I nie próbować nabierania swojej Duszy za pomocą swojego Umysłu, by spełniała pragnienia zmysłów, gdyż to zwykle prowadzi do katastrofy. Zamiast tego trzeba być w harmonii ze swoimi pragnieniami duchowymi (zob. cytat z „Mistrza i Zielonookiej Nadziei" w Rozdziale 7).

* Lubię używać określenia *wizja naszego Serca* - kiedy mam na myśli cel naszej Duszy (lub naszego życia). W moim odczuciu termin *Serce* idealnie opisuje esencję tego, kim jesteśmy, naszą wewnętrzną czystą istotę, wolną od ograniczeń i będącą w harmonii zarówno z celem naszej Duszy, jak i ze świadomością, którą jesteśmy (nawet poza naszą Duszą).

Twoje Serce w powyższym znaczeniu, zawiera wszystko, co najważniejsze dla Ciebie i Twojego rozwoju. Dobrze wie, czego potrzebujesz doświadczyć w życiu, co najbardziej sprzyja Twemu rozwojowi – gdzie i kiedy powinieneś/-aś się udać.

Jeżeli przyjrzysz się dokładnie swojemu życiu - przeszłości i teraźniejszości - możesz dokładnie uzmysłowić sobie, kiedy żyjesz zgodnie z własnym Sercem. Kiedy prowadzimy swoje życie zgodnie z wizją własnego Serca, czujemy się szczęśliwi. Nie ma co do tego żadnych wątpliwości, bo wszyscy wiemy gdzieś w głębi siebie jak wygląda prawdziwe poczucie szczęścia. Nie da się tego w żaden sposób podrobić i nie można tego przed sobą udawać. Nasz wewnętrzny *Barometr Prawdy* jest zawsze obecny i zawsze czuwa. Mówi nam dokładnie, kiedy żyjemy zgodnie z własnym Sercem, a kiedy zbaczamy ze ścieżki własnej Prawdy.

Co się dzieje, kiedy nie podążamy za Prawdą swojego Serca:

To nie tylko to, że czujemy brak szczęścia i celu w życiu. To nie tylko to, że nasza rzeczywistość staje się bardziej ciężarem niż placem zabaw dla naszych radości. To życie w ustawicznych zmaganiach, wewnętrzna walka i stres lub problemy piętrzące się na naszej drodze.

Gdy żyjemy na przekór Prawdzie Serca - nasze osiągnięcia są krótkotrwałe.

Może być tak, że nie wychodzi nam w życiu prywatnym, w związkach, rodzinie lub w pracy, gdzie nie możemy osiągnąć długotrwałego sukcesu. Tracimy pracę lub kapitał. Odczuwamy wewnętrzną pustkę i lęki, które napędzają nasze życie, objawiając się jako obsesyjna potrzeba do osiągania więcej w sensie materialnym, zamiast sięgania po naszą wymarzoną pracę, robienia tego, co naprawdę kochamy, rozkwitania na poziomie emocjonalnym i fizycznym.

Twoje życie odzwierciedla stan Twojego Serca. Pamiętaj: Twoje Serce i Twoje życie to „naczynia połączone". Szczęśliwe życie równa się szczęśliwemu Sercu. Szczęśliwe Serce równa się szczęśliwemu życiu.

To proste działania. I wiesz, że tak jest.

Wiesz już także, od czego zacząć: wolność od wszelkich ograniczeń zaczyna się w Twoim Umyśle.

Uwolnij swój Umysł (i podświadomy Umysł) od uwarunkowań z przeszłości i zaufaj swojemu Sercu.

Twoje Serce dobrze wie, co jest dla Ciebie najlepsze.

Nie bój się życia, jest po prostu życiem - naturalnym procesem, który może być harmonijny i radosny, jeśli tylko na to pozwolisz. Istnieje proste rozwiązanie na osiągnięcie życiowego szczęścia:

Zastąp marzenia powstałe w Umyśle/głowie pragnieniami swojego Serca.

Naucz się słuchać swojego Serca; jego wizja jest większa niż Twoja wizja świata i Twoja wizja siebie.

Aby w pełni korzystać z Mocy Rozstrzygania, należy w pełni zaufać wizji swojego Serca.

„We śnie szłam obok niewysokiej kobiety, z wyglądu niepozornej, a jednak bardzo mocnej. Nazywała się Niespójność. Powiedziała mi, że byłam niekonsekwentna na swej drodze i dlatego moje życie też było niespójne, nie zawsze zgodne z tym, co było mi przeznaczone.

- Chcesz kontrolować zbyt wiele - powiedziała. - Nie ufasz swemu Przeznaczeniu i Duszy.

Podczas naszego marszu, Niespójność poleciła mi zrobić trzy przystanki po drodze.

- Pomogą Ci zrozumieć proces zaufania - zapewniła mnie.

Pierwszy przystanek nazwała „Iluzją". Rozejrzałam się i zobaczyłam wokół mnóstwo błyszczących kropek, iskierek energii. Od razu je rozpoznałam, znałam je już przecież dobrze.

- Ciągle zapominasz, czym są - powiedziała Niespójność. - Wahasz się tam i z powrotem w rozumieniu świata, który Cię otacza. Ciągle powtarzasz, że „wszystko jest Iluzją", jednak jest to tylko intelektualna gadka. Musisz wyzwolić się z naleciałości traktowania Iluzji jako rzeczywistości i starania się kontrolowania przy tym swojego życia.

Poszłyśmy dalej. Byłam ciekawa, jaki będzie nasz następny przystanek.

- Ten nazywa się „Wybór" - powiedziała Niespójność, wskazując na okolicę.

Wyglądało tu jak na rozdrożu. Mogłyśmy się stąd udać w wielu różnych kierunkach.
- Jesteś niekonsekwentna w swoich wyborach - Niespójność potrząsnęła głową. - Czasami podążasz ścieżką zgodną z tym, co Ci przeznaczone i co jest nadrzędnym celem Twej Duszy, a czasami nie. Znów widać wyraźnie, że powinnaś przestać kontrolować swe wybory za pomocą Umysłu, który nie jest jeszcze w pełni przystosowany do logiki duchowej. Zaufaj wyborom, których dokonała Twoja Dusza, a zaczniesz wkrótce robić je świadomie, zamiast tak jak do tej pory, raz podążać właściwą drogą, a innym razem gubić się w tym wszystkim."

– *„Mistrz i Zielonooka Nadzieja"*

Dopóki nie przeszkoli się swojego Umysłu w zakresie logiki duchowej - najlepiej jest zaufać wyborom, jakich nasza Dusza już dokonała, tj. zaufać swojemu wewnętrznemu przewodnikowi i podążać za własnym Sercem.

Twoja Dusza wie, co jest w zgodzie z Twoim przeznaczeniem. Twoje Serce wie, jak korzystać z wolnej woli.

„Kiedy w swoim wyborze podążać będziesz ścieżką zgodną z Twym Przeznaczeniem, nie będziesz odczuwać oporu, tylko wewnętrzny spokój. Natomiast gdy wybierzesz ścieżkę z nim niezgodną, ogarniać Cię będą lęki, coś zawsze będzie nie tak, przeciwne temu, co czujesz wewnątrz. Pamiętaj jednak, nie daj się nabrać na to, że najlepsze dla Ciebie są drogi bezproblemowe, gładkie i przyjemne. Czasami na wyboistej ścieżce oczekuje Cię Twój los. Zawsze poznasz różnicę, pomiędzy gładką drogą prowadzącą donikąd a taką, która jest w zgodzie z

Twoim losem - nieważne, jaka ona jest. Będziesz to czuł/-a w środku. Zaufaj sobie, zaufaj swojej Duszy. Kiedy tak zrobisz i nie będziesz się bać ani narzekać, nawet wyboista droga może okazać się bardzo wygodna."

– *„Mistrz i Zielonooka Nadzieja"*

W przeciwieństwie do tego, co myślimy, nie ma sprzeczności pomiędzy przeznaczeniem a wolną wolą:

„Wkrótce zatrzymałyśmy się znowu.
- Trzeci przystanek - oznajmiła Niespójność. - Nazwijmy go „Przybyciem".
Nie widziałam niczego nowego w otoczeniu. Stałyśmy pośrodku tej samej drogi. Nic się fizycznie nie zmieniło. Jednak zauważyłam, że jakieś odmienne uczucie wzbiera we mnie w środku. Było to uczucie pełnej realizacji i satysfakcji. Zaciekawiło mnie to.
- Tak to właśnie działa - wyjaśniła Niespójność. - Wystarczy, aby poczuć, że już się dotarło do celu, osiągnęło się to, co się chciało - a potem oczekując na to, mocno w to wierzyć. W ten sposób przybywa się energetycznie w to miejsce, gdzie chce się znaleźć. Bez względu na to, jak dużym lub małym wydawałoby się nasze zadanie, łatwo je wykonasz, gdy najpierw poczujesz, że już tego dokonałaś.
Przyznałam, że to uczucie „przybycia", spełnienia, było absolutnie cudowne.
- Teraz, gdy już przybyłaś na miejsce - powiedziała Niespójność - możesz tu spotkać swoje Przeznaczenie. Twarzą w twarz.
I oto stało przede mną moje Przeznaczenie. Wyglądało jak piękna kobieta spowita w szale od stóp do głów. Widać było spoza nich jedynie jej oczy. Patrzyłam w nie zafascynowana. Piękne, błyszczące oczy.

(...) - Dlaczego nie mogę Cię w pełni widzieć? - zapytałam.
- Bo lepiej jest dokonywać własnych wyborów, na każdym kroku swej drogi - wyjaśniła. Wybrać to, co zostało już wybrane dla Ciebie, chociaż nie wiedząc, co to jest."

– *„Mistrz i Zielonooka Nadzieja"*

Zrozumienie tego, że przeznaczenie i wolna wola pozostają w harmonii przychodzi wraz z umiejętnością korzystania z logiki duchowej.

To także prowadzi dalej do zdolności korzystania z Umysłu do tworzenia nieodpartych wyborów dla naszej Duszy.

Możemy wtedy wybierać nasze doświadczenia w świecie materialnym. I w rezultacie możemy stwarzać możliwości dla naszych doświadczeń w świecie duchowym. (Jednak mechanizm świata duchowego nie jest tematem tego tomu.)

TAK, wszystko to może być dla nas dostępne dzięki Mocy Rozstrzygania, która jest bezpośrednio powiązana z naszym przeznaczeniem.

Twoim przeznaczeniem jest ewoluować i wzrastać/poszerzać się jako świadomość, którą jesteś.

Posiadasz wolną wolę, by móc wybrać dokładnie to lub by tego nie wybrać.

„W pewnym momencie musiałam chyba skręcić w inną stronę, gdyż straciłam ją z oczu. Zauważyłam, że stoję teraz na skraju przepaści. Nie wiedziałam, co robić. Poczułam się niepewnie i zdenerwowana rozglądałam się za moim Przeznaczeniem.

Gdy nie wiesz co zrobić - usłyszałam głos za sobą - dobrze jest po prostu pozwolić sobie ponieść się losowi.

Odwróciłam się. Zobaczyłam Niespójność, która stała tuż za mną. Wskazywała podbródkiem w stronę przepaści. - No dalej.

- Co takiego? - powiedziałam przestraszona. - Chcesz, abym zaufała losowi i dobrowolnie spadła w przepaść? Zwariowałaś?

- A co masz do stracenia? Dlaczego nie zobaczyć, co się stanie, jeśli po prostu spadniesz w dół?

Wahałam się przez chwilę. Hm, może i miała rację. Skoro i tak stałam na skraju przepaści... W sumie nie miałam nic do stracenia, a wszystko do zyskania. I tak to był przecież sen. Zrobiłam krok w przód i poczułam, że spadam. Przepaść była głęboka. Spadałam długo i miałam wystarczająco dużo czasu, aby się zastanawiać, co się stanie, jak już spadnę i czy od tego umrę. Zamknęłam oczy, aby nie widzieć tego, jak już spadnę na dno przepaści.

Jednak nie umarłam. Zamiast tego ktoś mnie złapał. Poczułam się bezpieczna w silnych ramionach. Otworzyłam oczy.

Znów patrzyłam w piękne oczy mego Przeznaczenia. Trzymała mnie mocno w ramionach.

- Dziękuję - powiedziałam uszczęśliwiona i zaskoczona.

- Kiedykolwiek pozbędziesz się lęku i odpuścisz kontrolę - powiedziała - gdy jesteś zagubiona i zdecydujesz się poddać losowi, będę czekać, by schwycić Cię w ramiona. Zawsze.

Postawiła mnie delikatnie na ziemi. Spojrzałam w górę, na strome ściany przepaści. - W jaki sposób wspiąć się tam z powrotem? - zapytałam.

- Możesz istotnie udać się na wspinaczkę - uśmiechnęło się Przeznaczenie. Albo spróbować poćwiczyć umiejętność „przybywania".

Skinęłam głową i wzięłam głęboki oddech. Starałam się poczuć zadowolenie i satysfakcję, zupełnie tak, jak gdybym już wspięła się na stromą ścianę. Udało się. I oto znalazłam się na szczycie w oka mgnieniu.
Moje Przeznaczenie raz jeszcze stanęło obok mnie. Wyciągnęła do mnie zaciśniętą dłoń. Odwróciła ją powoli i otworzyła. Zrozumiałam ten gest. Wiedziałam, że symbolicznie oferuje mi dary w niej zawarte.
Uśmiechnęłam się i położyłam rękę na jej dłoni. Rozejrzałam się wokół. Nigdzie nie mogłam dostrzec Niespójności.
Trzymając rękę Przeznaczenia, czułam się spokojna, bezpieczna. Zdecydowałam się zadać jej jeszcze jedno pytanie.
- Jak mogę najlepiej spełniać swe marzenia? - wyszeptałam.
- Przynieś je tutaj, na brzeg otchłani. Wrzuć je wszystkie do przepaści i niech spadną, tak aby dokonał się ich los. Jeśli zrobisz to z całkowitą ufnością, bez strachu i bez wahania, zawsze będę tam, aby je złapać i w ten sposób zostaną spełnione - uśmiechnęła się.
- Zawsze? - zapytałam.
- Zawsze - potwierdziła. - Ale tylko wtedy, gdy odpuścisz zupełnie kontrolę i w pełni zaufasz Przeznaczeniu. Ufaj."

– *„Mistrz i Zielonooka Nadzieja"*

Dopóki postrzegamy siebie i swoje marzenia jako dwie osobne sprawy, zawsze istnieje przepaść pomiędzy nami a tym, czego pragniemy. Cokolwiek zrodzi się z nas, JEST częścią nas. Całe nasze życie to nic innego tylko to, co powstało z nas. Nasze życie i my to NIE SĄ dwie osobne sprawy.

Wyobraź sobie, że jesteś swoim spełnionym marzeniem.

Nie to, że Twoje marzenia się spełniło, tylko że TY SIĘ SPEŁNIŁEŚ/-AŚ

Ile razy powiesz „JESTEM" - stajesz się tym, co mówisz.

I o to chodzi w Rozstrzyganiu:

Podczas, gdy Rozpoznawanie/Postrzeganie prowadzi nas do rozpoznania Jedności wszystkiego, Rozstrzyganie pozwala nam stać się jednym ze wszystkim.

Kiedy badamy swoje powiązanie z Rozstrzyganiem, dobrze jest pamiętać, że wszystkie wybory i decyzje, jakie podejmujemy, są dobre. Tak naprawdę, nie ma żadnych pomyłek.

Przypomnij sobie, jakich wyborów dokonałeś/-aś ostatnio. Zauważ, że tak jak konie z klapkami na oczach, zawsze odnajdziemy drogę i podążymy właściwą ścieżką, nawet jeśli zrobimy wiele zaskakujących objazdów.

Bez względu na to, jakie czynisz wybory i jakie podejmujesz decyzje, ich wynik jest zawsze taki sam: nowe okoliczności, które prowadzą do zmian w życiu. A takie zmiany to nowe okazje sprzyjające Twojemu rozwojowi.

I tak nic nie jest przecież naprawdę stałe. Życie to pasmo ciągłych zmian.

Wewnętrzna Podróż

DOSTRAJANIE SIĘ DO MOCY ROZSTRZYGANIA:

AKTYWOWANIE / WZMACNIANIE SWOJEJ WIZJI „TRZECIEGO OKA"

Znajdź wygodną pozycję, leżącą lub siedzącą, tak aby Twój kręgosłup pozostał wyprostowany.

Krok 1:

Za chwilę zamkniesz oczy, po tym jak przeczytasz poniższe wskazówki:

A: Weź głęboki wdech, po czym powoli wypuść z płuc powietrze. Następnie, robiąc kolejny wdech, pozwól, by wypełnił Cię on od stóp do głów i dodaj do niego taki obraz: wypełnia Cię od wewnątrz przyjemne przyćmione światło, docierając do każdego zakamarka Twojego Ciała.

B: Oddychaj powoli i obserwuj to wewnętrzne światło, licząc w myślach od 10 do 1:

C: Wyobraź sobie, że unosisz się w powietrzu, dokładnie ponad miejscem, w którym teraz siedzisz/leżysz. To bardzo przyjemne uczucie. Całe Twoje Ciało jest teraz zrelaksowane.

D: Ciesz się tą spokojną chwilą tak długo, jak chcesz, a następnie otwórz oczy.

Zamknij oczy TERAZ i wróć do czytania, kiedy już ukończysz pierwszy krok.

***

Dobrze. Otworzyłeś/-aś oczy.

KROK 2:

Rozejrzyj się wokół, popatrz na rzeczy, które Cię otaczają. Przyjrzyj im się po kolei, leciutko „krzyżując" oczy, tak aby Twoje widzenie się nieco rozmyło.

UWAGA: Nie rób jednak zbyt dużego zeza - celem jest delikatne rozmycie Twojej wizji, a nie zupełne jej zaburzenie.

Oddychaj spokojnie, równocześnie opróżniając swój umysł (licz od 1 do 4 przy wdechu, wstrzymaj oddech licząc od 1 do 4, a potem wypuść powietrze znowu licząc od 1 do 4).

Wróć do czytania, jak już ukończysz ten krok.

***

Dobrze. Ukończyłeś/-aś kolejny krok.

KROK 3:

Ponownie zamkniesz oczy i wyobrazisz sobie następującą sytuację:

A. Z zamkniętymi oczami przypomnij sobie/wyobraź sobie otoczenie zaobserwowane przed chwilą, kiedy miałeś/-aś otwarte oczy i robiłeś/-aś leciutkiego zeza. Spróbuj zobaczyć je w swojej wyobraźni w ten sam sposób, w jaki widziałeś/-aś je w swoim rozmytym widzeniu. Pod zamkniętymi powiekami, znowu lekko „skrzyżuj" oczy, tak jak poprzednio.

B: Nadal z zamkniętymi i lekko „skrzyżowanymi" oczami, wyobraź sobie, że wchodzisz w to rozmyte otoczenie.

C: Następnie przestań robić tego lekkiego zeza pod zamkniętymi powiekami. Przesuń teraz gałki oczne w lewo, najdalej jak możesz, nadal pod zamkniętymi powiekami. Zrób to 3 razy.

D: Kiedy już to zrobisz, otwórz oczy i zrelaksuj się przez kilka minut, z opróżnionym Umysłem (wiesz już jak go opróżniać).

Zamknij oczy TERAZ.

***

Dobrze. Wykonałeś/-aś zadanie. Możesz teraz kontynuować czytanie lub wrócić do tych stron później.

Trzymaj się własnego rytmu. Nie ma pośpiechu.

Możesz powtórzyć tę *Wewnętrzną Podróż* tyle razy, ile chcesz w kolejnych dniach. Dobrze jest kontynuować trenowanie swojego „trzeciego oka" w ten sposób. Możesz to robić tak długo, jak zechcesz.

Powtarzanie tego treningu codziennie poprawi Twoją intuicję i może nawet doprowadzić do powstania zdolności jasnowidzenia, jeśli taki będzie Twój wybór.

Do wykonywania takiej codziennej praktyki, najlepiej wybrać miejsce na łonie natury, gdzie będziesz czuć się bezpiecznie i będziesz mieć możliwość obserwowania nieba/gwiazd.

Co się dzieje, kiedy nie jesteśmy w harmonii z Mocą Rozstrzygania:

Zaniżamy częstotliwość swoich wibracji. Nie tylko nasze życie jest pełne różnego rodzaju zmagań, ustawicznej walki - gdyż to może być też oznaką wyboru naszej Duszy co do rozwoju poprzez takie trudności - ale po prostu gubimy swoje szczęście i żadna ilość sukcesu, pieniędzy, osiągnięć, władzy czy romansów nie jest w stanie zapełnić rosnącego w środku uczucia pustki.

Człowiek staje się zimny i odrętwiały. Coraz bardziej przestraszony. Pozwala swoim podświadomym lękom kontrolować swoje działania i myśli, żyjąc nieświadomie jak robot na automatycznym pilocie - oślepiony lękiem, złością, nienawiścią lub chciwością, ze swoim Ego zajmującym fotel kierowcy w podróży przez życie.

Wszyscy wiemy, jak wygląda takie nieświadome życie: wystarczy zauważyć, co się dzieje obecnie na naszej planecie. Wystarczy rozejrzeć się wokół i zdać sobie sprawę, jak nieświadomi ludzie niszczą całe życie. A jako że zaniżanie wibracji prowadzi w końcu do samozniszczenia, jeżeli obecna sytuacja się nie zmieni - i to wkrótce - będzie bardzo trudno odwrócić te wszystkie wyrządzone szkody. Bardzo trudno. Ale nie musi to być koniecznie niemożliwe, jako że Tworzenie jest na szczęście procesem w toku.

Miejmy nadzieję, że Moc Rozstrzygania dosięgnie wszystkich Serc, których ma dosięgnąć (przeznaczenie i wolna wola).

Rozstrzyganie jest powiązane z szóstą czakrą, nazywaną „czakrą trzeciego oka".

Niektórzy ludzie mówią, że jest ona zlokalizowana pomiędzy oraz nieco powyżej brwi i chociaż nie jest to ściśle precyzyjne - jako że czakry nie są faktycznie związane z ciałem fizycznym w ten sposób - w celu wyobrażenia sobie systemu czakr, możemy przyjąć, że tam się właśnie znajduje.

Kiedy Szósta Moc nie jest w stanie swobodnie przepływać przez „czakrę trzeciego oka", można odczuwać różne symptomy. Wielu uzdrowicieli zaobserwowało, że nieprawidłowe funkcjonowanie szóstej czakry może spowodować różne problemy neurologiczne, problemy z ośrodkowym układem nerwowym, móżdżkiem (lub innymi częściami mózgu), wszystkim zmysłami (najczęściej słuchem i wzrokiem), przysadką i szyszynką, czaszką, oczami, nosem, zatokami, częste migreny, utratę orientacji, wylew, demencję i in.

Kiedy szósta czakra jest niewystarczająco aktywna, dana osoba może nie być w stanie podejmować jednoznacznych decyzji, może być zależna od władz/autorytetów i nie umieć samodzielnie myśleć, polegając zbytnio na wdrukowanych podglądach i powszechnych punktach widzenia. Z drugiej strony nadmiernie aktywna szósta czakra może spowodować, że ktoś za dużo fantazjuje, nie stoi twardo na ziemi lub - w ekstremalnych przypadkach - ma halucynacje (w tym schizofrenię / zaburzenia schizofreniczne).

Lęki przed zmianami i nieznanym są zwykle powiązane ze słabym funkcjonowaniem „czakry trzeciego oka". Mogą skutecznie uniemożliwić komuś osiągnięcie pełni swojego potencjału, realizację celów i marzeń. Można wtedy bać się zmiany pracy, miejsca zamieszkania czy nie być w stanie wprowadzać zmian w swojej sytuacji życiowej. Jest to dość częste, że ludzie z takimi podświadomymi lękami pozostają w związkach, w których są przedmiotem wykorzystywania, zaniedbywania lub znęcania, albo pozwalają, by wykorzystywano ich w pracy lub by ich tyranizowano itp.

Kiedy dostrajasz się do Szóstej Mocy - Rozstrzygania, ważne jest, byś sięgnął/sięgnęła po narzędzia, pomocne zarówno w stapianiu negatywnych wzorców w podświadomości, jak i w emocjonalnym uzdrowieniu (medytacje prowadzone, codzienne afirmacje oraz nagrania audio zawierające pozytywne wiadomości podpro-gowe).

Oczywiście także transformacja własnych Cieni pomaga dodatkowo w rozwijaniu się i podwyższaniu częstotliwości swoich wibracji.

Aby zrównoważyć swoją „czakrę trzeciego oka", możesz spróbować poniższego:

- Terapia stresu/lęku

- Masaże

- Tai-chi

- Uwalnianie emocji (krzyczenie w poduszkę, szlochanie, płakanie, śmiech)

- Terapia nawiązująca do wewnętrznego dziecka

- Ćwiczenia oddechowe i rozciągające

- Kontakt z przyrodą i bezpośredni kontakt z ziemią (ogrodnictwo, aranżowanie krajobrazu)

- Obserwowanie nieba/ gwiazd

- Oglądanie wschodu słońca, opadów śniegu

- Praca zespołowa, angażowanie się w działanie organizacji humanitarnych/charytatywnych

- Unikanie czytania / oglądania negatywnych wiadomości, plotek, narzekania, horrorów, magazynów / książek / filmów podtrzymujących strach

- Czytanie/oglądanie książek/filmów, których tematy i fabuły są związane z przyrodą, astronomią, fantastyką, science fiction, rozwojem duchowym, psychologią, socjologią

- Słuchanie miękkiego/delikatnego rock&rolla (soft rock), muzyki celtyckiej, klasycznej, new-age, symfonicznej

- Słuchanie gry na / gra na gitarze, pianinie, harfie, flecie, wiolonczeli, oboju, syntetyzatorach dźwięku, instrumentach elektronicznych

- Słuchanie częstotliwości solfeżowych na poziomie 852 i 528 HZ (wykorzystywanych w leczeniu dźwiękiem)

- Wakacje/wycieczki: Ameryka Północna, Azja, Australia, Europa Zachodnia

- Pomocne czynności: medytacja, relaksacja, opiekowanie się roślinami

- Wszystko inne, co możesz uznać za pomocne dla zrównoważenia swojej „czakry trzeciego oka": konkretne rodzaje jedzenia, przypraw, kamieni, metali lub zapachów (aromaterapia). Dużo informacji można znaleźć we właściwych książkach i artykułach.

- Także pomocne: znaleźć naprawdę dobrego/wiarygodnego Mistrza Reiki lub innego bioenergoterapeutę. Niektórzy uznają też za pomocne zgłębianie nauk Mistrzów Duchowych (wschodnich/zachodnich/szamańskich) i albo praktykowanie ich lub studiowanie ich, czy też porównywanie ich do swojego własnego rozumienia świata i siebie

Dostrajając się do Mocy Rozstrzygania, dobrze jest znaleźć miejsce do relaksacji/medytacji na łonie natury, gdzie można czuć się bezpiecznie, mając możliwość obserwowania nieba/gwiazd.

To pomaga utrzymywać „czakrę trzeciego oka" w równowadze, uniemożliwiając jej nadmierną aktywność podczas praktykowania/wzmacniania swojej wizji „trzeciego oka" (zob. *Wewnętrzna Podróż* w tym rozdziale).

Rozdział 12

Siódmą Mocą Jest Miłość

Otwarcie się na Miłość to jeden z największych i najważniejszych kroków w naszej ewolucji

„Naucz się rozumieć i doceniać siebie jako człowieka. Każdy z Was jest bardzo silny.

Wszystko, czego potrzebujecie, aby zamanifestować swą wspaniałą moc, to pamiętanie o tym, że już ją macie i używanie jej z miłością."

– *„Mistrz i Zielonooka Nadzieja"*

Gdy mówimy o Miłości, zwykle pierwszą rzeczą, która przychodzi nam do głowy jest Miłość romantyczna: uczucie które sprawia, że szybciej zaczyna bić nam serce, że stajemy się oddani tej „jednej, jedynej" na całym świecie osobie.

Jednak Miłość, jak już wielu z nas się przekonało, istnieje w różnych postaciach.

Jest Miłość matczyna / ojcowska, czyli ta więź biologiczna, którą wielu z nas odkryło już wtedy, kiedy jeszcze byliśmy płodem w łonie matki.

Jest Miłość w rodzinie, znana nam poprzez więzi, jakie łączą nas z naszym rodzeństwem, dziadkami lub krewnymi.

Niektórzy z nas odczuwają Miłość do zwierząt, natury, własnej miejscowości, kraju lub całej naszej planety. Niektórzy mówią, że kochają całą ludzkość.

Są tacy, którzy opisują jako „kochanie" to uczucie, jakie mają, kiedy mówią o swoim życiu, karierze, domu, samochodzie, komputerze, telefonie lub innych rzeczach, których są właścicielami lub które pragną nabyć.

Niektórzy mówią o Miłości, kiedy odwołują się do swojego związku z Bogiem/Boginią/Bogami.

Niektórzy poświęcają swoje życie, by pomagać innym, kierowani swą Miłością do ludzkości.

Bez względu na to, czy w grę wchodzi jakaś osoba, idea lub rzecz - wszyscy w taki czy inny sposób „zakochujemy się" w kimś lub czymś, co z naszego punktu widzenia jest „warte/godne" inwestycji naszego czasu, energii, zaprzątania sobie tym myśli oraz wkładania w to serca.

Natura Miłości zawsze była jednym z podstawowych tematów w filozofii, zaraz obok pytań o znaczenie naszego istnienia, cel życia czy to, co dzieje się z nami po śmierci.

Już od czasów Starożytnych Greków, a nawet wcześniej - od

Starożytnego Egiptu, wiele teorii na temat Miłości popłynęło ze wszystkich stron, począwszy od materialistycznej koncepcji opisującej Miłość jako zjawisko fizyczne do teorii mówiących o Miłości jako o doświadczeniu duchowym pozwalającym ludziom poznawać naturę boskości.

Filozoficzne podejście do Miłości wykracza poza jej rozumienie wywodzące się ze studiowania ludzkiej natury, epistemologii (teorii poznania), religii, metafizyki (tradycyjnej dziedziny filozofii: wyjaśniającej fundamentalną naturę istnienia i świata), etyki (dziedziny filozofii zajmującej tym, co jest dobre a co złe z moralnego punktu widzenia) oraz filozofii politycznej (filozoficznych refleksji na temat tego, jak najlepiej organizować nasze życie zbiorowe).

Być może znane Ci już są niektóre filozoficzne terminy opisujące różne aspekty Miłości:

- Eros (z grec. erasthai) - odnosi się do pełnego pasji intensywnego pożądania czegoś. Często odwołuje się do pożądania seksualnego - „erotyczny" (z grec. erotikos).

- *Philia* - w przeciwieństwie do erosa: odnosi się do żywienia do kogoś ciepłych uczuć oraz doceniania tej osoby. Dla starożytnych Greków philia nie oznaczała jedynie przyjaźni, ale także lojalność

w stosunku do rodziny, społeczności, pracy lub dyscypliny (wybranej praktyki). Czynienie dobra i nieproklamowanie, że dobro to zostało zrobione.

- *Agape* - termin opisujący ojcowską miłość Boga dla ludzi i ludzi dla Boga. Obejmuje także braterską Miłość dla całej ludzkości. Termin Agape jest rozumiany jako odnoszący się do Miłości idealnej: uczucia, które transformuje człowieka, nie będąc zwykłą pasją. Nie szukanie niczego w zamian, bezwarunkowy stan adoracji.

Pomimo tego że koncepcja Miłości wydaje się być czymś bardzo naturalnym, dodającym siły, jednak wielu z nas się jej obawia. Obawiamy się, że odczuwając Miłość możemy stracić naszą niezależność, wolność, że możemy być wykorzystani, pozbawieni mocy, upokorzeni, poczuć się bezsilnymi.

I tak, ze strachu przed Miłością, bronimy się, tworząc wokół siebie blokady i mury, aby uchronić się przed możliwym zranieniem.

Nic nie może być dalsze od prawdy niż przekonanie, że Miłość może doprowadzić nas do niemocy. Jest zupełnie odwrotnie:

Miłość jest Potęgą. Brak Miłości jest brakiem Mocy.

Miłość to Siódma Moc i - tak jak inne Moce - wywiera na nas wpływ w każdym momencie.

Otwarcie się na Miłość to jeden z największych i najważniejszych kroków w naszej ewolucji.

Wszyscy poznajemy Miłość, jeśli nie poprzez nasze własne doświadczenia, to poprzez obserwację oraz życiową mądrość, która uczy nas o jej istnieniu.

Siódma Moc - Miłość - nie jest rozumiana jako uczucie czy filozoficzna idea/koncepcja, którą można zastosować do naszych działań czy myśli.

Jest to rzeczywista Energia, która charakteryzuje się konkretną jakością i wibracją, stanowiąca część Cyklicznego Koła Tworzenia i wpływająca na nas w każdym momencie - dając nam szansę rozwoju.

Siódma Moc - Miłość - nie jest emocją.

Jest Energią, do której musimy się dostroić.

„ wtedy poczułam ją. Czystą miłość. Czułam jak rosła we mnie. Nie miała żadnego kierunku ani celu. Nie trzeba było niczego dokonać, niczego zmieniać lub poprawiać, nie było potrzeby nikogo wyróżniać, nikomu pomagać, nikogo ratować. Czysta Miłość ciągle rosła, napełniając mnie wibracją. Wystarczyło tylko być. I wibrować z nią, dla samego tylko bycia."

– *„Mistrz i Zielonooka Nadzieja"*

Dostrojenie się do Mocy Miłości jest nieuniknione i nie może być pominięte, jeżeli chcemy się rozwijać i utrzymać nasze istnienie:

Bez harmonii z Mocą Miłości nie możemy prawdziwie poszerzyć swojej świadomości i przeprogramować naszego mózgu na dostęp do fal Gamma, które są niezbędne do korzystania z logiki duchowej i zmieniania rzeczywistości w mgnieniu oka.

(Przypomnij sobie Rozdział 4, str. 81-82.)

Jako świadomość, którą jesteśmy, możemy istnieć wyłącznie tak długo, jak długo jesteśmy świadomi siebie i rozwijamy się poprzez nasze doświadczenia.

I jako tacy, jesteśmy podatni na wpływ wibracji 7 Mocy tworzących świat. Musimy być z nimi w harmonii, by rozwijać się i istnieć.

Kiedy się rodzimy, wypełnia nas energia Miłości i oczekujemy, że będziemy kochani. Zakładamy, że świat jest pełen Miłości i jesteśmy zszokowani, kiedy doświadczamy zimna, obojętności czy bólu. Dla małego dziecka Miłość jest niezbędna w równym stopniu co jedzenie czy woda. Właściwie brak Miłości może wyrządzić dziecku więcej szkody niż ubóstwo.

Kiedy doświadczamy braku Miłości od innych, nie tylko zastępujemy naszą wewnętrzną radość strachem, ale także oddzielamy się od innych grubymi „murami", by uniknąć większej ilości bólu.

Kiedy oddalamy się / odseparowujemy się od siebie nawzajem, oddalamy się / odseparowujemy się od Jedności/Jednej Całości i albo cierpimy albo cierpimy i powodujemy cierpienie.

Cierpienie jest oznaką oddzielenia się od Jedności.

Oddzielenie się od Jedności jest oznaką braku połączenia z energią Miłości.

Brak połączenia z Miłością jest oznaką trwania w hipnotycznej Iluzji posiadania kontroli nad naszym losem przy jedno-

czesnym doświadczaniu strachu.

Wszyscy dorastaliśmy w dysfunkcyjnych społeczeństwach (lub rodzinach), gdzie nauczono nas oceniania wartości innych i samych siebie na podstawie zewnętrznych pozorów.

To bardzo ważne, byśmy przestali oceniać swoją wartość na podstawie dysfunkcyjnych standardów naszego społeczeństwa (lub rodziny), którzy nauczyli nas, że to wstyd być niedoskonałą ludzką istotą.

Każdy człowiek jest tak samo ważny i wyjątkowy.

Jeden na miliardy.

Jednak często w głębi serca czujemy się gorsi od innych, niewystarczająco dobrzy, by zasłużyć na Miłość, szczęście lub sukces.

To nie nasze zachowanie, ale istota tego, kim jesteśmy, powoduje, że wszyscy jesteśmy równie cenni, godni miłości i najpiękniejszego życia.

Każdy z nas jest częścią Jednej Całości. Wszyscy jesteśmy połączeni i każdy z nas ma takie samo prawo do korzystania z Mocy Miłości.

To tylko nasz brak zrozumienia, że Miłość jest Energią dostępną dla nas w każdej chwili utrzymuje nas w Iluzji niebycia kochanym.

Miłość jest w nas, otacza nas, i wypływa z nas.

Kiedy przestajemy oczekiwać od innych tego, czego nie mogą nam dać, odnajdujemy to, czego nam potrzeba w nas samych.

Nie oznacza to, że trzeba być samolubnym, aby czuć się kochanym od środka. Nie chodzi tu o egoizm, nie chodzi o dumę Ego i postrzeganie sobie jako kogoś lepszego od innych.

Ważne jest, by zrozumieć swoją własną unikalną wartość i przestać pragnąć stałego uznania od innych, pamiętając o tym, że tak jak każdy inny człowiek, my też jesteśmy unikalni. Ani lepsi ani gorsi. Tak jak każdy inny człowiek jesteśmy piękni i szczególni.

Kiedy wypełnia nas radość życia, kiedy jesteśmy w stanie zaakceptować siebie takimi, jakimi jesteśmy, i cieszyć się swoim rozwojem - nie mamy potrzeby, by czuć się dobrze tylko wtedy, gdy jesteśmy przez kogoś kochani. Zamiast tego, mamy potrzebę, aby DZIELIĆ SIĘ miłością, która nas wypełnia.

Istnieją różne sposoby na znalezienie naszego własnego połączenia z Miłością: czy to przez miłość romantyczną, czy przez współczucie lub też przez praktyki duchowe - w połączeniu ze zmianą negatywnych wzorców w naszej podświadomości i wyleczeniem swoich ran emocjonalnych. **Kiedy otwieramy się na Siódmą Moc, wypracowujemy sobie swoje własne rozumienie tego, jak chcemy doświadczyć Mocy Miłości.**

„Chcę, abyś sama wybrała nazwę dla ostatniej z Siedmiu Mocy, która jest Miłością - powiedział Rhami-yata. - Oto słowa, których możesz użyć: Radość, Posłuszeństwo, Pokora, Równość.

- Radość, ojcze? - ucieszyłam się.
- Tak - uśmiechnął się. - Radość z Posłuszeństwa Najwyższej Wibracji, która decyduje o istnieniu świata. Pokora wobec Równości wszystkiego, w jedności z Najwyższą Wibracją.
- Radość, Posłuszeństwo, Pokora, Równość - powtórzyłam.
- Możesz także użyć następujących słów, aby dopełnić nazwy Siódmej Mocy - dodał. - Pojednanie, Poddanie, Równowaga. Pojednanie z Najwyższą Wibracją to Poddanie się Prawu Równowagi pomiędzy Duchem i Materią, które jest wolą Najwyższej Wibracji.
- Pojednanie, Poddanie, Równowaga - powiedziałam. - To razem siedem. Siedem nazw dla Siódmej Mocy."

– *„Mistrz i Zielonooka Nadzieja"*

Wewnętrzna Podróż

DOSTRAJANIE SIĘ DO SIÓDMEJ MOCY

Znajdź wygodną pozycję w miejscu, w którym nikt i nic nie będzie Ci przeszkadzać tak długo, jak zechcesz.

Krok 1:

Kiedy już się ułożysz, opróżnij swój umysł, skupiając się na oddechu (licząc od 1 do 4 przy wdechu, następnie wstrzymując oddech licząc od 1 do 4, po czym licząc od 1 do 4 przy wydechu).

Za chwilę poproszę Cię o zamknięcie oczu i postępowanie zgodnie z poniższymi instrukcjami:

A. Wyobraź sobie, że siedzisz po turecku na rozległej pięknej łące. Spróbuj „ożywić" ten obraz w swoim Umyśle rozkwitającymi kwiatami, przyjemnie brzęczącymi owadami, ćwierkającymi ptakami i niebieskim niebem nad Twoją głową.

B. Następnie wyobraź sobie, że kładziesz dłonie na piersi, w okolicy serca i uśmiechasz się z przyjemnością, czując jak wzbiera w Tobie cicha radość. Jesteś szczęśliwy/-a tu, gdzie jesteś, i jesteś szczęśliwy/-a z tym spokojnym uczuciem radości.

C. Oddychając spokojnie, siedzisz na tej pięknej „ożywionej" łące i zaczynasz czuć, jak czubek Twojej głowy robi się trochę cieplejszy. Jest to bardzo kojące uczucie. Pozwól mu trwać przez chwilę, a następnie otwórz oczy, kiedy już ukończysz zadanie.

Zamknij oczy TERAZ.

***

Dobrze. Otworzyłeś/-aś oczy.

Możesz teraz przystąpić do następnego kroku.

KROK 2:

Znowu opróżnij Umysł i zamknij oczy po przeczytaniu poniższego:

A: Nadal siedzisz po turecku na środku pięknej łąki. Czujesz wdzięczność za obfitość radości i piękna, jakie Cię otaczają.

B: Wyobraź sobie, że czubek Twojej głowy robi się jeszcze cieplejszy od uczucia wdzięczności.

C: Ciepło, które czujesz na czubku głowy, spływa w dół i dociera w okolice Twojego serca. Czujesz teraz ciepło równocześnie na czubku głowy, jak i w środku swojej klatki piersiowej.

D: Zdajesz sobie sprawę, że świadomość otaczającej Cię obfitości i wdzięczność, jaką odczuwasz, są ze sobą połączone. Twoja świadomość obfitości powoduje wdzięczność ZAŚ Twoja wdzięczność powoduje Twoją świadomość obfitości dookoła.

E: Z zamkniętymi oczami, powiedz na głos: „Jestem wdzięczny/-a za to, kim jestem. "Jestem wdzięczny/-a za to, gdzie jestem. Jestem wdzięczny/-a za obfitość, która zawsze mnie otacza."

Po ukończeniu tego kroku, otwórz oczy i wróć do czytania.

Zamknij oczy TERAZ.

***

Dobrze. Otworzyłeś/-aś oczy. Połączyłeś/-aś się z Siódmą Mocą - Miłością. Przejdź teraz do kolejnego kroku.

Krok 3:

Wybierzesz teraz jeden z siedmiu aspektów Miłości (lista poniżej) na nazwę, którą nadasz Siódmej Mocy. Zawsze kiedy pomyślisz o Miłości, skojarzy Ci się z tą nazwą.

Daj sobie czas - nie śpiesz się. Jeśli potrzebujesz więcej czasu na zastanowienie się nad poniższą listą, daj go sobie, jednak ważne jest, żeby nie wkładać zbyt dużego wysiłku w ten wybór.

Najlepiej będzie, jeśli Twój wybór pochodzić będzie z Twojego

Serca, a nie z Twojego Umysłu. Poczuj Twoją wybraną nazwę w środku:

Radość

Posłuszeństwo

Pokora

Równość

Poddanie

Równowaga

Pojednanie

Wybierz nazwę i wróć do czytania, kiedy już ukończysz zadanie.

***

Dobrze. Wybrałeś/-aś aspekt Miłości, który najbardziej z Tobą rezonuje.

Od teraz pozostań świadomy/-a obecności Mocy Miłości i kontempluj wybraną nazwę: pozwoli Ci to uzyskać dostęp do rytmu Gamma i dalej rozwijać swoją logikę duchową.

Ponadto, jeżeli kiedykolwiek w przyszłości poczujesz potrzebę kontemplowania innego aspektu Miłości - powtórz po prostu powyższą *Wewnętrzną Podróż* i wybierz jedną z innych nazw dla

Siódmej Mocy

Jest to raczej nietypowe, by ktoś kontemplował wszystkie aspekty Miłości w jednym życiu - jednak, jeżeli tak miałoby się stać - zaufaj swojemu własnemu procesowi o ile taka potrzeba będzie wywodzić się z Twojego Serca, a nie z Umysłu czy Ego.

Możesz teraz kontynuować czytanie lub wrócić do tej strony później.

Nie ma pośpiechu - pozostań w zgodzie z własnym rytmem.

***

Dobrze. Wróciłeś/-aś do czytania.

Wraz ze zrozumieniem i akceptacją Miłości przychodzi dar, który uczymy się przyjąć: obfitość.

Moc Miłości uświadamia nam ogrom obfitości i wnosi obfitość w nasze fizyczne życie.

Pamiętaj, że obfitość jest Twoim przyrodzonym prawem. Ale musisz się jej nauczyć na nowo.

Czym jest obfitość?

Obfitość jest procesem, który daje nam możliwość i moc doświadczania nieprzebranego bogactwa procesu tworzenia w toku.

Doświadczanie obfitości różni się w zależności od osoby i zależy od osobistych preferencji i potrzeb.

Aby na nowo nauczyć się prawdziwej obfitości i powitać ją w swoim życiu, należy dostroić się do Siódmej Mocy i pozwolić jej obrać swój kurs.

Od teraz spróbuj zawsze być świadomym/-ą obfitości, która Cię otacza. Zauważ, że bez względu na to, jaką masz sytuację, zawsze jest co najmniej jeden aspekt w Twoim życiu, w którym obfitość wyraża się w takiej czy innej formie. Jeśli nie jako bogactwo materialne, to jako obfitość dobrego zdrowia, przyjaźni, miłości, cennych doświadczeń, nowych pomysłów, inspiracji lub odkryć.

Zgodnie z tym, co jest dla Ciebie istotne w kategoriach odczuwania obfitości w życiu, skoncentruj się na tym aspekcie, by docenić Siódmą Moc - Miłość. Nie istnieje nic takiego jak lepszy lub gorszy wybór, jeśli chodzi o to, jak chcemy doświadczać obfitości w naszym życiu. Oczywiście tak długo, jak nie pochłania nas zupełnie materializm, który naturalnie prowadzi do utraty kontroli nad własnym życiem i stania się niewolnikiem rzeczy. Nie ma nic złego w cieszeniu się dobrami materialnymi, tak, jak nie ma też nic złego w dążeniu do innych aspektów życia w obfitości.

To, czym jest dla Ciebie obfitość, jest Twoim osobistym wyborem.

Otwórz się na możliwość pozwolenia sobie na doświadczanie jeszcze większej obfitości w życiu. Pamiętaj przy tym, aby zawsze być wdzięcznym/-ą i doceniać to, co już masz.

Dar obfitości jest przyrodzonym prawem każdego z nas.

Nie może być tak, że tylko niektórzy roszczą sobie do niego prawa, bo należy do wszystkich.

Nie musimy nikomu nic zabierać, by zapewnić sobie to, czego chcemy.

Nie musimy wpadać w pułapkę myślową: że albo wszystko albo nic. Takie myślenie powoduje, że człowiek staje się studnią bez dna, której nigdy nie da się wypełnić żadną ilością dóbr, pieniędzy, miłości, władzy lub sukcesu.

Nie musimy nikogo niczego pozbawiać, żeby wieść dostatnie i szczęśliwe życie.

Żyjemy na planecie pełnej obfitości, na której każda osoba i każda istota może wieść radosne i dostatnie życie. Nie ma żadnego uzasadnienia dla głodu, biedy i krzywdy ludzkiej - innego niż odłączenie/odseparowanie od Miłości.

Dobrze to już wiemy. Znamy też powody, dla których wielu ludzi żyje w ubóstwie i niedoli: są to chciwość innych ludzi, brak ich

zrozumienia tej prostej prawdy, że obfitość jest przyrodzonym prawem każdego człowieka, a także ich strach przed tym, że - będąc tym, kim są - nie są wystarczająco dobrzy.

Dlatego właśnie tacy ludzie zagrabiają innym wszystko, co tylko mogą - czy to ziemię, czy zasoby, czy też samo życie. Robią to, by uciec przed uczuciem pustki i podświadomymi lękami oraz by lepiej poczuć się na własny temat. Nie doświadczają prawdziwej obfitości, a jedynie Iluzji obfitości.

Odłączenie/odseparowanie od Mocy Miłości prowadzi do we-

wnętrznego ubóstwa, które staje się siłą napędową dla tych, którzy próbują zrekompensować sobie swoje lęki i pustkę Iluzją materialnej obfitości.

Co się dzieje, kiedy nie jesteśmy w harmonii z Siódmą Mocą:

Miłość jest powiązana z siódmą czakrą, nazywaną także „czakrą korony".

Niektórzy ludzie mówią, że jest ona zlokalizowana na czubku naszej głowy i, chociaż nie jest to ściśle precyzyjne - jako że czakry nie są faktycznie związane z ciałem fizycznym w ten sposób - do celu wyobrażenia sobie systemu czakr możemy przyjąć, że tam właśnie się znajduje.

Kiedy Siódma Moc nie jest w stanie przepływać swobodnie przez „czakrę korony" - nie tylko doświadcza się szeregu symptomów fizycznych powiązanych z nieprawidłowym funkcjonowaniem tej czakry, ale także „czakra korony" się zamyka.

Nieprawidłowe funkcjonowanie „czakry korony" powoduje w następstwie zamknięcie „czakry serca", co z kolei prowadzi do zaburzeń w funkcjonowaniu całego systemu czakr.

Wielu ludzi uważa, że Miłość jest bezpośrednio powiązana z „czakrą serca" - na podstawie obserwacji, że kiedy ktoś odłączony jest od Miłości, jego/jej „czakra serca" nie funkcjonuje prawidłowo. Powodem takiego przekonania jest to, że dużo łatwiej jest zaobserwować nieprawidłowe funkcjonowanie „czakry serca" niż zaobserwować zaburzenia w „czakrze korony".

Co więcej obszar serca łatwo reaguje na nasze emocje. I dlatego czujemy ściskanie w klatce piersiowej, kiedy jesteśmy w żałobie, kiedy odczuwamy smutek, złość czy napięcie nerwowe. Kiedy jesteśmy radośni, szczęśliwi/podekscytowani - czujemy ciepło w okolicy serca. Ponadto nie sposób nie zauważyć fizycznego doznania towarzyszącemu naszemu „złamanemu sercu", lub niesamowitej radości czy namiętności, kiedy doświadczamy miłości romantycznej.

Zostaliśmy kulturowo zaprogramowani na wierzenie w to, że Miłość zamieszkuje w naszym sercu. Stąd różne źródła informacji mówiące, że nasza „czakra serca" otwiera nas na Miłość - podczas gdy w rzeczywistości otwarcie swojej „czakry serca" pomaga nam być w harmonii z Czwartą Mocą - Przemijaniem (Rozdział 9 – uwalnianie się od Iluzji Materii i Ducha).

Podczas, gdy otwieranie swojej „czakry serca" jest bardzo ważnym krokiem, aby w dalszej kolejności dostroić się do Mocy Rozpoznawania, następnie Rozstrzygania, a w konsekwencji do Mocy Miłości - błędnie uznaje się go za bezpośredni krok ku połączeniu się z Miłością.

Połączenie się z Mocą Przemijania i pozostawienie za sobą Iluzji Materii i Ducha istotnie wypełnia nas spokojnym odczuciem podobnym do energii Miłości - stąd ten powszechny błąd.

Nasze bezpośrednie połączenie z Miłością ma miejsce, kiedy otwieramy naszą „czakrę korony". Wpływa to także na nasze połączenie z Czwartą Mocą - Przemijaniem, gdyż Moc Miłości przecina Iluzję Materii i Ducha (tak jak Przemijanie), obejmując swoją hojną wibracją wszystko, co istnieje.

„Czakra serca" jest związana z Czwartą Mocą - Przemijaniem.

„Czakra korony" wiąże nas z Siódmą Mocą - Miłością.

Kiedy otwieramy naszą „czakrę korony", wpływa to także na naszą „czakrę serca".

Chociaż otwarcie naszej „czakry serca" nie łączy nas bezpośrednio z Miłością, jest bardzo ważne, by pamiętać, że nieprawidłowe funkcjonowanie naszej „czakry serca" prowadzi dalej do nieprawidłowego funkcjonowania całego systemu czakr, jako że „czakra serca", która znajduje się na środku, łączy „niższe" i „wyższe" czakry.

Otwarcie się na Moc Miłości jest kluczowe nie tylko dla naszego rozwoju, ale także dla naszego zdrowia duchowego, emocjonalnego i fizycznego.

Wielu uzdrowicieli zaobserwowało, że nieprawidłowe funkcjonowanie siódmej czakry może spowodować wyczerpanie, epilepsję, problemy z prawym okiem, z ośrodkowym układem nerwowym, szyszynką, górnym odcinkiem kręgosłupa, pniem mózgowym, kresomózgowiem, ośrodkiem bólu w mózgu, różne zaburzenia emocjonalne, uzależnienia, chorobę Alzheimera, demencję itp.

Może się także rozwinąć u kogoś lęk przed utratą wolności i sabotowanie swojego związku (związków) lub kariery z powodu natężonego lęku przed zaangażowaniem, niezdolności do pójścia naprzód, wahania itp.

Pamiętajmy jednak, że wolność przychodzi poprzez przynależność, a nie wyłączenie. Wolność to Jedność, a nie odrębność.

Kiedy czyjaś „czakra serca" jest nadmiernie aktywna, osoba taka może nadmiernie intelektualizować i - będąc zupełnie uzależnionym od duchowości - ignorować potrzeby swojego Ciała.

Jeśli tak się właśnie dzieje, należy kontemplować aspekt Miłości: Równowagę, by wnieść więcej odpowiedniej równowagi i zdrowia w swoje życie.

Aby zrównoważyć swoją „czakrę korony", możesz spróbować poniższego:

- Joga

- Ćwiczenia oddechowe i rozciągające

- Terapia nawiązująca do wybaczania

- Terapia nawiązująca do wewnętrznego dziecka

- Terapia stresu/lęku

- Masaże

- Wyrażanie wdzięczności i skupianie się na obfitości w życiu

- Kontakt z przyrodą i wodą w jakiejkolwiek formie (spacerowanie, jazda na rowerze, pływanie, żeglowanie)

- Spacerowanie w deszczu/na plaży

- Unikanie czytania/oglądania negatywnych wiadomości, plotek, narzekania, horrorów, magazynów/książek/filmów podtrzymujących strach

- Słuchanie muzyki klasycznej, barokowej i symfonicznej, opery, a także śpiewów gregoriańskich, tybetańskich, muzyki rdzennej ludności Afryki, Australii oraz Ameryki Południowej i Północnej

- Słuchanie gry na / granie na harfie, flecie, saksofonie, trąbce i innych instrumentach dętych

- Słuchanie częstotliwości solfeżowych na poziomie 963 i 528 HZ (wykorzystywanych w leczeniu dźwiękiem)

- Wakacje/wycieczki: wypady na łono natury, Afryka, Ameryka, Australia, Europa, Indie

- Pomocne czynności: medytacja, relaksacja, oglądanie wschodu słońca, obserwowanie gwiazd

- Wszystko inne, co możesz uznać za pomocne dla zrównoważenia swojej „czakry korony": konkretne rodzaje jedzenia, przypraw, kamieni, metali lub zapachów (aromaterapia). Dużo informacji można znaleźć we właściwych książkach i artykułach.

- Także pomocne: znaleźć naprawdę dobrego/wiarygodnego Mistrza Reiki lub innego bioenergoterapeutę. Niektórzy uznają też za pomocne zgłębianie nauk Mistrzów Duchowych (wschodnich/zachodnich/szamańskich) i albo praktykowanie ich lub studiowanie ich, czy też porównywanie ich do swojego własnego rozumienia świata i siebie

W Naukach Nadziei Moc Miłości jest reprezentowana liczbą $4^{(7)}$.

Jest tak dlatego, że w świecie materialnym Miłość musi mieć cztery oblicza, by patrzeć jednocześnie we wszystkie cztery strony świata. Natomiast w rzeczywistości duchowej Miłość otwiera cztery progi potrzebne do pojednania z Najwyższą Wibracją.

Być może pamiętasz, że Moc Przemijania jest także reprezentowana liczbą 4 w Naukach Nadziei: $4^{(4)}$.

Jak widzisz liczba 4 jest łącznikiem dla tych dwóch Mocy, jednak symbole w nawiasach odróżniają liczbę reprezentującą Siódmą Moc - Miłość $4^{(7)}$ od liczby reprezentującej Czwartą Moc - Przemijanie - $4^{(4)}$.

„Kiedy zapytałam wczoraj Rhami-yatę o znaczenie tej dziwnej czwórki, za którą stała druga czwórka w nawiasie - „(4)" - wyjaśnił, że to dla odróżnienia od innych czwórek. Ponieważ jedna czwórka nierówna jest drugiej. Cztery jabłka to zupełnie coś innego niż na przykład cztery pomarańcze, lub cztery słonie albo cztery tramwaje. Ich właściwości nie są takie same."

– *„Mistrz i Zielonooka Nadzieja"*

Równanie dla Siódmej Mocy w Naukach Nadziei jest następujące:

„$1 + 3 = 4^{(7)}$

Rozpoznawanie/Postrzeganie plus Rozstanie = Miłość, co oznacza:

Kiedy wszystko postrzegane jest jako Jedność i następuje rozstanie z Iluzją - wynikiem tego jest Miłość.

(To równanie jest wykorzystywane do wyjaśnienia mechanizmu Mocy Miłości zarówno w świecie materialnym, jak i duchowym.)"

Przez kilka następnych tygodni skupiaj się na harmonii pomiędzy 7 Mocami i na darach, jakie wnoszą w Twoje życie.

Przyjmuj każde swoje doświadczenie jako to, czym ono jest - doświadczaniem, które pomaga Ci się rozwijać.

7 Mocy Wspiera Cię Na Każdym Kroku:

Pierwsza Moc (Prawo) liczba 8

Druga Moc (Rozwój) cyfra 5

Trzecia Moc (Rozstanie) liczba 3

Czwarta Moc (Przemijanie) liczba 4 (4)

Piąta Moc (Rozpoznawanie/Postrzeganie) liczba 1

Szósta Moc (Rozstrzyganie) liczba 9

Siódma Moc (Miłość) liczba 4 (7)

Jako świadomość, którą jesteś, masz wspaniałą szansę, aby móc się poszerzyć/wzrosnąć, podczas gdy doświadczasz siebie w swoim fizycznym życiu. Dzieje się tak, ponieważ możesz doświadczać siebie jako Zespół, składający się z Ciała, Umysłu, Emocji, Ego i Duszy. I wszystkie one mogą przyczynić się do Twojego dalszego rozwoju.

Każdy moment Twojego fizycznego życia może stać się olbrzymim krokiem w Twojej ewolucji. Każdy dzień to dar, jaki sobie ofiarujesz.

Nigdy nie odrzucaj, nie potępiaj ani nie opieraj się temu, kim stałeś/-aś się do tej pory. Uhonoruj, zaakceptuj i uszanuj to, kim jesteś. Tylko i wyłącznie wtedy będziesz w stanie przeobrazić, przekształcić to, co chcesz zmienić.

Zaufaj sobie i swojemu własnemu procesowi. W głębi Serca zawsze wiedziałeś/-aś, co masz robić i wszystko, czego potrzebujesz, to tylko przypomnienie.

Życiowa mądrość to wiedza Serca.

Życiowe doświadczenie to wiedza Umysłu.

Życiowe doświadczenie można zdobyć wraz z upływem czasu. Lecz by osiągnąć życiową mądrość, trzeba dotrzeć do swojego Serca - nieznającego czasu.

„Zamykam oczy i pozostaję nieruchomy/-a, oddychając głęboko. Zadaję sobie pytanie: Czy to, czego pragnę w życiu, jest naprawdę tym, czego chcę w głębi Serca? Czy to moje własne Serce przemawia do mnie, czy może są to wzorce, sugestie, oczekiwania i wymagania mojego środowiska? Szanuję moje własne Serce i tylko jego dziś słucham. Głęboko w środku wiem przecież, co naprawdę jest dla mnie najlepsze."

Pozostawaj w szczęściu i dobrym zdrowiu.
Niech Ci się dobrze wiedzie.
Pozwól, by zdarzyło się najlepsze.

Johanna Kern

O AUTORCE

Johanna Kern to kanadyjska reżyserka, producentka filmowa, scenarzystka i wielokrotnie nagradzana pisarka - urodzona i wychowana w Polsce.

W 1993 r. Johanna Kern zaczęła regularnie doświadczać spontanicznych transów, w których przenosiła się do starożytnej świątyni, gdzie otrzymywała nauki od starożytnego Mistrza.

W tamtych czasach nie było łatwego dostępu do Internetu i nie było wystarczająco dużo informacji, które mogłaby znaleźć i które mogłyby pomóc jej zrozumieć to, co jej się przydarzało.

Wymagało to dużo odwagi i zaufania, by dokonać przeskoku ze swojego codziennego życia, wypełnionego po brzegi planami i zadaniami, i pójść za głosem powołania.

Oto w jaki sposób Iwona Majewska-Opiełka, psycholog i autorka wielu książek, wspomina swoje spotkanie z Johanną Kern w Toronto i mówi o jej pierwszej książce *Mistrz i Zielonooka Nadzieja*:

„Kiedy Johanna Kern na sesji terapeutycznej opowiedziała mi o swoich doznaniach, nie od razu w nie uwierzyłam. Była połowa lat 90-tych ubiegłego wieku. Nikt wtedy nie mówił głośno o alternatywnych światach. Przyglądałam się jej zatem, szukając mistyfikacji lub zaburzeń świadomości czy percepcji. Nie znajdowałam. A kiedy przeczytałam jej spójne, mądre a jednocześnie proste i intuicyjnie prawdziwe zapiski, pomyślałam sobie, że taka młoda osoba bez dyplomu z fizyki czy filozofii nie mogła tego stworzyć. Podobnie czułam, czytając *Kurs Cudów*. Uznałam, że wiedza ta musi pochodzić z innego źródła. Z wyższego, bardziej rozumnego.

Książka ta jest piękną historią i teorią ujętą w lekką formę. Niech nas nie zwiedzie ta forma, docierajmy do sedna nauk w niej zawartych. Jest w nich mądrość i nadzieja. Jest też miłość, z której niemal wyłącznie składa się Autorka. Poznając ją, trzeba ją po prostu kochać.

Jestem przekonana, że lektura książki *Mistrz i Zielonooka Nadzieja* okaże się fascynująca i transformująca życie każdego Czytelnika."

Nauki, które Johanna Kern otrzymywała w głębokich transach, zbiegały się z jej doświadczeniami życia codziennego, zarówno w życiu osobistym, jak i zawodowym. Były zaprojektowane w ten sposób, by mogła w pełni ich doświadczyć, a nie tylko zdobywać wiedzę intelektualnie za pomocą umysłu. Dały jej one odpowiedzi na najważniejsze pytania, jakie ludzie stawiają sobie od wieków, i dały jej nowe spojrzenie na wszystko, co uważamy za kluczowe - nas samych, nasze pochodzenie i cel naszego istnienia:

Od tego, czym jest nasza egzystencja, do tego, w jaki sposób trwa wieczność i jak powstają nowe wszechświaty. Od tego, czym tak naprawdę jest *Cykliczne Koło Tworzenia*, do tego, jak nasze myśli funkcjonują w polu energii, którego wszyscy jesteśmy częścią, a także jak osiągnąć prawdziwe szczęście, sukces, moc, obfitość i wolność od jakichkolwiek ograniczeń. Od tego, czym są widzialne i niewidzialne światy, do tego, jakie jest znaczenie i charakter ducha, materii, życia, śmierci i kim są *Obywatele poza Czasoprzestrzenią i Ciałem.*

Od tego czasu jej własne doświadczenia życiowe pokazały jej, że uzyskując dostęp do rdzenia naszej istoty, możemy naprawdę wieść szczęśliwe życie w spełnieniu, miłości i harmonii z własną wewnętrzną prawdą. Od wielu lat doradza ludziom w sprawach zdrowia, duchowości, emocji, rodziny, relacji, życia i kariery.

Kiedy w 2013 r. wreszcie opublikowała zbiór swoich wspomnień i niektóre lekcje, jakie otrzymała w swoich transach po tytułem *Mistrz i Zielonooka Nadzieja*, opierając się na pamiętniku, który prowadziła przez wszystkie te lata - nie była pewna, czy dobrze robi. Jej profesjonalna kariera filmowca nabierała rozpędu i obawiała się, że jej nietypowa historia może tej karierze zaszkodzić.

Ku jej zdziwieniu, nic takiego się nie stało. Co więcej, jej historia zyskała międzynarodowy rozgłos i uznanie w Ameryce Północnej i Europie, otrzymując wyróżnienia na międzynarodowych festiwalach książek w Nowym Jorku i San Francisco oraz referencje od trzech światowej klasy ekspertów:

- ***Prof. dr. hab. Stanley'a Krippnera****, autora wielu książek i artykułów; profesora psychologii na Uniwersytecie Saybrook, USA, byłego prezesa Stowarzyszenia Psychologii Humanistycznej, Parapsychologicznej oraz Towarzystwa Badań Snów; założyciela Międzynarodowego Towarzystwa Badań Nad Dysocjacją; Członka Amerykańskiego Towarzystwa Psychologicznego, Naukowego Towarzystwa do Badań nad Seksem, Amerykańskiego Stowarzyszenia Psychologów, Amerykańskiego Towarzystwa Hipnozy Klinicznej oraz Naukowego Towarzystwa do Badań nad Religią; byłego dyrektora Laboratorium Snu w Maimonides Centrum Medycznym* *w Nowym Jorku oraz Centrum Badania Dziecka przy Uniwersytecie Kent, USA.*

- **Prof. dr. hab. Jerry'ego Solfvina,** *profesora Centrum Studiów Indyjskich, przy Uniwersytecie Massachusetts Dartmouth (USA); byłego starszego asystenta badań w Psychical Research Foundation (Fundacji Badań Metapsychicznych) przy Uniwersytecie badań naukowych w Duke, USA - współpracując z Williamem Rollem, przeprowadzał badania nad poltergeist, medytacją, PSI (Postrzeganiem Pozazmysłowym i Telekinezą) oraz wraz z Edem Kellym nad psychofizjologią; zrobił doktorat z PSI, uzdrawiania i placebo - pod kierunkiem Martina Johnsona i Sybo Schoutena w Utrechcie w Holandii; jest byłym dyrektorem podyplomowych studiów parapsychologii na Uniwersytecie im. Johna. F. Kennedy'ego w Kalifornii; Prof. Solfvin kontynuuje badania naukowe na temat PSI oraz efektów placebo.*

- **Briana Van der Horsta**, *pisarza, dziennikarza, terapeuty i konsultanta; głównego moderatora w Europie „Integral Institute" Kena Wilbera; byłego dyrektora Centrum Neuro-Linguistycznego Studiów Zaawansowanych w San Francisco; wykładowcę na Uniwersytecie Johna F. Kennedy'ego w Orinda, w Kalifornii, Uniwersytetu Kalifornijskiego w Sonomie, Paryskiego Uniwersytetu XIV i XIII oraz Uniwersytetu Apple; byłego redaktora akwizycyjnego dla wydawnictw książkowych „J.P. Tarcher Books" i „Houghton-Mifflin"; byłego redaktora takich pism jak „New Reality" (Nowe Realia), „Practical Psychology" (Psychologia Praktyczna), „Playboy", „The Village Voice" (Głos Sielski); autora książek i ponad 1000. artykułów w gazetach i czasopismach. Obecnie piszącego dla „Intelligence" (Inteligencji), biuletynu poświęconemu tematowi neuronów i rozumowania, oraz dla „Integral Leadership Review" (Przeglądu Integralnego Przywództwa). Brian Van der Horst został uhonorowany za swoją działalność zawodową w księdze „Kto Jest Kim na Świecie" od 1994 roku, oraz w księdze „Kto jest Kim w Ameryce" od roku 2007.*

Oto jak Johanna Kern, swoimi własnymi słowami, opisuje początek historii, która zmieniła całe jej życie, w dwukrotnie nagradzanej książce *Mistrz i Zielonooka Nadzieja*:

„Witaj, Córko - powiedział Mistrz. I tak się to wszystko zaczęło. Stałam twarzą w twarz z Najwyższym Kapłanem. Patrzył na mnie głęboko, intensywnie, prawdziwie. Czułam jak jego oczy szukają czegoś we mnie i poza mną.
- No to doigrałam się - pomyślałam - i jak ja mam z tego wybrnąć? Ta moja wieczna potrzeba wrażeń! Ta nieustająca chęć poznania wszystkiego za wszelką cenę…! Tak to się właśnie często kończy, że pakuję się w tarapaty.
I tak oto znowu znalazłam się w bardzo dziwnej sytuacji: zagubiona gdzieś w starożytności, stałam pośrodku jakiejś świątyni, zupełnie sparaliżowana wzrokiem jej Najwyższego Kapłana. Czułam, jak moja wola pod wpływem jego mocy topniała, opuszczając mnie szybko.
- Całkiem nieźle - pomyślałam - chyba wystarczająco dużo wrażeń dla ciebie, moja droga? Jak się tutaj dostałam…?
Nie, nie wynalazłam wehikułu czasu. Nawet gdybym w takie machinerie wierzyła i tak nie miałabym dość rozumu, żeby to wymyślić. Nie eksperymentowałam też z narkotykami ani z żadnymi substancjami halucynogennymi. Nigdy mnie to nie interesowało.
Nie wiem, co przywiodło mnie do starożytnej świątyni, gdzie Najwyżsi Kapłani panowali nad duchem i materią. To, co się wydarzyło, kompletnie wychodziło poza wszelkie moje wyobrażenie. Byłam przecież zupełnie przeciętnym człowiekiem, w niczym nie różniłam się od innych i w moim pojęciu byłam dość dobrze wychowana. Miałam trzydzieści dwa lata, moje życie wypełnione było różnymi obowiązkami i nie było w nim miejsca ani czasu na jakiś magiczny czy mistyczny nonsens.
Mój mąż, mój syn i ja niedawno przenieśliśmy się z Europy do Kanady i sam ten fakt dla całej naszej trójki był już wystarczająco stresujący. Wszystko było tu inne. Musiałam uczyć się od podstaw panujących tutaj zasad i stylu życia."

Mimo że historia Johanny Kern może się niektórym wydawać spełnieniem marzeń, ona sama musiała zapłacić wysoką cenę za to, czego się nauczyła. Wymagało to od niej zostawienia za sobą wszystkiego, co kochała czy wiedziała, i zostania uczniem Mistrza. Transy trwały, a ona musiała przejść kilka inicjacji na przestrzeni lat, by dojść do kolejnych poziomów swojej nauki w zakresie tej niezwykłej wiedzy, by w końcu samej stać się Mistrzem.

Kiedy ludzie znajdujący się na różnych etapach życia zaczęli pojawiać się na jej drodze i prosić o radę, leczenie lub wskazówki, wszystko wydawało się dziać w sposób naturalny, tak jakby jakoś wiedzieli, jak ją znaleźć i jakby wiedzieli, że ona może im pomóc.

Nie ujawniając źródła swoich umiejętności i wiedzy, będąc cały czas pełnoetatowym filmowcem, stała się doradcą, uzdrowicielem i nauczycielem. Uważała, że to, co otrzymała było darem dla wszystkich, a nie tylko dla niej.

Jej druga książka, *365 (+1) Afirmacji Pięknego Życia: Wieczysty Kalendarz Sukcesu, Szczęścia, Zdrowia i Dostatku*, zawiera specjalny program do przeprogramowania podświadomości oparty na wieloletnim doświadczeniu autorki w dziedzinie doradztwa i uzdrawiania oraz na mądrości i wiedzy starożytnych Mistrzów.

Po książce tej powstała pierwsza seria nagrań MP3 Johanny Kern, powieść *Kraina Cieni: Legenda*, książka *Sekrety Miłości dla Każdego: Wszystko, co warto wiedzieć, żeby mieć niesamowity związek*, oraz pierwszy tom *Nauk Nadziei,* szczegółowo wyjaśniający wiedzę Nauk Nadziei na zaawansowanym poziomie.

Johanna Kern dzieli się dalej swoją wiedzą na swoim blogu na oficjalnej stronie: www.johannakern.pl

Regularnie pisze i nagrywa, odpowiadając na pytania swoich czytelników i słuchaczy. Jej książki i nagrania MP3 są dostępne na całym świecie poprzez Amazon i wiele innych popularnych detalicznych sklepów internetowych, a w Polsce można je nabyć na jej stronie oficjalnej. Stworzyła także serię dziewięciu godzinnych programów radiowych po tytułem *Życie, jakiego chcesz, jest Twoje*, która była nadawana w brytyjskim radiu

Islanders (archiwa można znaleźć na jej stronie internetowej), rozwija także swój kanał na YouTube.

W 2013 r. wraz ze swoim mężem Patrickiem Kernem, Johanna Kern założyła organizację non-profit *Humans Of Planet Earth ASSN. (HOPE) - Ludzie z Planety Ziemia - w skrócie HOPE, czyli Nadzieja*, by wspierać ludzi w ich rozwoju i pomagać im mieć życie, jakie jest im pisane: w prawdziwym szczęściu, zdrowiu, z poczuciem sensu i spełnienia.

PUBLIKACJE JOHANNY KERN

NAGRODY AUTORSKIE:

The Birth of a Soul ***(Narodziny Duszy)*** -Nagroda na Międzynarodowym Festiwalu książek w Nowym Yorku

The Birth of a Soul ***(Narodziny Duszy)*** - Nagroda na Międzynarodowym Festiwalu książek w San Francisco

Master and the Green-Eyed Hope (***Mistrz i Zielonooka Nadzieja***) - Nagroda na Międzynarodowym Festiwalu książek w Nowym Yorku

Master and the Green-Eyed Hope (***Mistrz i Zielonooka Nadzieja***) - Nagroda na Międzynarodowym Festiwalu książek w San Francisco

365 (+1) Affirmations to Supercharge Your Life ***(365 (+1) Afirmacji Pięknego Życia)*** - Nagroda na Międzynarodowym Festiwalu książek w Los Ageles

Secrets of Love ***(Sekrety Miłości)*** - Nagroda na Międzynarodowym Festiwalu książek w Los Ageles

Shadowland: The Legend (***Kraina Cieni: Legenda)*** - Nagroda na Międzynarodowym Festiwalu książek w Nowym Yorku

Shadowland: The Legend (***Kraina Cieni: Legenda***) - Nagroda na Międzynarodowym Festiwalu książek w San Francisco

KSIĄŻKI W JĘZYKU POLSKIM:

„Mistrz i Zielonooka Nadzieja" - dwukrotnie nagrodzona autobiografia:

Johanna Kern opowiada swoją historię niezwykłych przeżyć z Mistrzem poznanym podczas spontanicznych transów, których niespodziewanie zaczęła doświadczać wiele lat temu. Wypełniona zabawnymi „scenami" ze starożytnej świątyni oraz historiami z osobistego i zawodowego życia uznanego filmowca, książka ta jest znakomitą rozrywką, jednocześnie przedstawiającą unikalne podejście Mistrza i autorki do nauk psychologii, samorozwoju, fizyki kwantowej, filozofii i religii. Książka ta stanowi wspaniałą lekturę dla każdego, kto lubi dobrze się bawić, pośmiać, popłakać, dawać się ciągle zaskakiwać, oraz jest w stanie wyjść poza schematy własnego umysłu i dać się ponieść do krainy pełnej przygód i niezwykłej magii.

„Narodziny Duszy" - kontynuacja książki „Mistrz i Zielonooka Nadzieja", również dwukrotnie nagrodzona:

Napisana w tym samym stylu. Johanna Kern udziela odpowiedzi jakie znalazła na pytania, które od wieków zajmują ludzki umysł:
Czym tak naprawdę jest nasza Dusza? Czy może być wieczną?
Co to jest Świat Duchowy / Niebo / Tereny łowieckie / Zaświaty?
Czym jest Bóg / Bogini / Najwyższa Istota / Najwyższa Wibracja?
Jaki jest cel naszego cielesnego istnienia?
Co się dzieje po naszej śmierci?
A co z naszą wolną wolą? A co z przeznaczeniem? I – dokąd możemy się stąd udać?

„365 (+1) Afirmacji Pięknego Życia: Wieczysty Kalendarz Sukcesu, Szczęścia, Zdrowia i Dostatku":

Wysoce skuteczna, prosta metoda poprawy dowolnej sytuacji życiowej. Czerpiąc z 20-letniego doświadczenia jako uznana kanadyjska producentka i reżyserka filmowa, prezeska, dyrektorka oraz mentorka rozwoju/transformacji życiowej, a także wykorzystując narzędzia starożytnych Mistrzów, Johanna Kern zaprojektowała zestaw codziennych afirmacji pozwalających stopniowo, krok po kroku, przeprogramować podświadomość. Można stosować je w celu ulepszenia swojego życia, kariery zawodowej, sytuacji finansowej, zdrowia, związków, rozwiązania problemów emocjonalnych lub wzmocnienia rozwoju osobistego.

„Sekrety Miłości: Co warto wiedzieć, żeby mieć niesamowity związek":

Soczysta i gorąca. Pełna pasji i czułości. Z zabawą i rozwagą. Książ-ka ta zgłębia przeróżne aspekty udanego romantycznego związku. Napisana prosto i od serca, a dodatkowo ozdobiona czarującymi ilustracjami, przemawia ona do pełnego spektrum czytelników - bez względu wiek, płeć, orientację, konserwatywne lub nowoczesne podejście do miłości i zmysłowej intymności. Johanna Kern czerpie ze swoich doświadczeń we własnym szczęśliwym związku ze swoim dużo młodszym mężem, a także z doświadczenia i wiedzy, jakie zdobyła na przestrzeni ponad 20 lat doradzania ludziom w sprawach zdrowia, problemów emocjonalnych, związków, rodziny, duchowości, życia i kariery.

W 14 łatwo przyswajalnych rozdziałach omówione są kwestie, bolączki i możliwości, z jakimi ludzie zmagają się i o jakich fantazjują w swojej pogoni za trwałą bliskością w związku. W czasach, kiedy szczęśliwe długotrwałe związki są rzadkością, a ludzie są coraz mniej skłonni do trwania w tych nieszczęśliwych, książka Johanny Kern jest potężnym sprzymierzeńcem dla osób, które nie zgadzają się na to, by przestać wierzyć w swoje szanse na osiągnięcie tego, czego naprawdę pragną w kwestiach bliskości i erotyki.

„7 Mocy Tworzących Świat i 7 Mocy w Tobie - Nauki Nadziei" - Tom 1:

W tej książce, kolejnej po „Mistrzu i Zielonookiej Nadziei", która oczarowała już wielu czytelników i ekspertów w Ameryce Północnej i

Europie, Johanna Kern dzieli się pierwszą częścią Nauk Nadziei na poziomie zaawansowanym i pokazuje Ci przykłady praktycznego zastosowania tej wiedzy do Twoich własnych doświadczeń. Książka ta zawiera między innymi dwanaście nigdy wcześniej niepublikowanych *Podróży Wewnętrznych*, które pomogą Ci poszerzyć swoją wizję siebie, wyostrzyć swoją intuicję i wydobyć lub poprawić wizję „trzeciego oka" - co dalej prowadzi do przebudzenia pewnych uśpionych obszarów mózgu.

„Transformacja Wewnętrznych Cieni Metodą Banerową: Nauki Nadziei" – Tom 2

Z powodu tego zaprogramowania wielu z nas prowadzi *życie w* dyskomforcie, często pełne lęku i ograniczeń oraz działając na „automatycznym pilocie" w poczuciu iluzorycznego „swojskiego bezpieczeństwa", pozostając przy tym pod kontrolą naszych Wewnętrznych Podświadomych Cieni. Aby uwolnić się od naszego uwarunkowania, musimy rozpocząć i podtrzymywać proces samouzdrawiania. Musimy zapoznać się i poradzić sobie z naszymi Wewnętrznymi Cieniami.

Ta książka oferuje czytelnikowi unikalną, niezwykle skuteczną metodę Transformacji podświadomych Cieni, opracowaną przez Johannę Kern podczas wielu lat pracy z tysiącami ludzi jako odnoszący sukcesy producent filmowy, reżyser, doradca i mentorka rozwoju.

Metoda Banerowa prowadzi krok po kroku do zidentyfikowania ukrytych podświadomych blokad, a następnie uwolnienia wrodzonej, potężnej Mocy Podświadomości.

„Kraina Cieni: Legenda" - dwukrotnie nagrodzona powieść z gatunku fantastyki:

Oparta na scenariuszu fantastyczno przygodowego filmu fabularnego Johanny Kern, powieść napisana przez Johannę Kern oraz brytyjskiego pisarza Roya Fitzsimmondsa. Fabuła powieści osnuta jest wokół tematu tworzenia własnego przeznaczenia i sposobów radzenia sobie z osobistymi i globalnymi Cieniami. Młody chłopak Franek zostaje przypadkowo przeniesiony do tajemniczego miasta w Krainie Cieni, gdzie zostaje rozłączony ze swoją siostrą, odkrywa własną tożsamość i zyskuje nadzwyczajne moce. Stara Legenda przewiduje jego przybycie i - w krainie rządzonej przez Wielki Syndykat, Patrolujących Złodziei i armię Cieni - staje się jedyną nadzieją dla uciśnionego ludu.

NAGRANIA MP3 NA ZMIANĘ PROGRAMÓW W PODŚWIADOMOŚCI – W JĘZYKU POLSKIM:

„Życie, jakiego chcesz, jest Twoje: Zaprogramuj się na sukces, szczęście, zdrowie i dostatek”:

Od wieków wpływowi ludzie sukcesu używali do przeprogramowywania podświadomości skutecznych narzędzi, które przynosiły im nadzwyczajne wyniki. Krok po kroku wielu zwykłych ludzi zmieniło porażki w sukcesy, choroby w zdrowie, a nieszczęścia w radość życia.
Przy użyciu technik starożytnych Mistrzów służących do przeprogramowania podświadomości, fal theta i alfa oraz specjalnego programu opracowanego przez Johannę Kern - nagranie to pomoże Ci zbudować Życie, jakiego chcesz - bez względu na Twoje pochodzenie, sytuację życiową, płeć, wiek, przekonania czy tradycje.

„Ulecz swoje ciało i DNA: Uwolnij się od swojej choroby i napraw swoje DNA”:

Biorąc pod uwagę nowe ustalenia naukowe, podejście do leczenia chorób zmienia się i pojawia się nowa nadzieja dla ludzi z chronicznym bólem, cukrzycą, nowotworem, HIV, chorobami układu krążenia, wysokim ciśnieniem, depresją, bezsennością i wieloma innymi chorobami.

Ponieważ Johanna Kern nie jest już w stanie prowadzić indywidualnych sesji uzdrawiających ze względu na ogromną ilość potrzebujących, postanowiła pomóc tym, którzy wymagają leczenia poprzez zaprojektowanie tego nagrania w sposób, który pozwala korzystać z uzdrawiających narzędzi zawartych w tym nagraniu na własną rękę i we własnym tempie.

Twoje Ciało ma zdolność do samoleczenia. Nasze DNA jest zaprojektowane w sposób umożliwiający samonaprawę. Odkryto to już w czasach starożytnych, a teraz nauka potwierdza, że nasze Umysły mogą kontrolować nasze funkcje fizjologiczne i wpływać na kompozycję DNA.

„Zapewnij sobie Dobrobyt: Przyciągnij i zaakceptuj dostatek - ciesz się nim, bo masz do niego pełne prawo":

Nie ma żadnego uzasadnienia dla głodu, biedy i krzywdy ludzkiej. Dobrze to już wiemy. Znamy też powody, dla których wielu ludzi żyje w ubóstwie i niedoli: są to chciwość innych ludzi, brak ich zrozumienia tej prostej prawdy, że Obfitość jest przyrodzonym prawem każdego człowieka, a także ich strach przed tym, że - będąc tym, kim są - nie są wystarczająco dobrzy, czy też bezpieczni.

Na świecie jest wystarczająco dużo Obfitości, by każdy mógł wieść przyzwoite, szczęśliwe i godne życie. Jest wystarczająco dużo Obfitości, byśmy wszyscy mogli poczuć się zadbani, cenni i kochani. Możesz mieć wystarczająco dużo dostatku, by wieść życie, jakim chcesz się cieszyć. Bycie zamożnym nie uniemożliwia Ci bycia dobrym. Nie ma potrzeby, by dłużej pozbawiać się czegokolwiek.

To nagranie może pomóc Ci stopić podświadome lęki i negatywne blokady, przyciągnąć i utrzymać dostatek i żyć w świadomości Obfitości, ciesząc się szczęśliwym i dostatnim życiem.

„Schudnij szybko i naturalnie: Zrzuć z siebie ciężar swoich lęków i podświadomych negatywnych zaprogramowań”:

Pewnie nie jest dla Ciebie nowością tak zwany „efekt jo-jo”, który pojawia się przy stosowaniu restrykcyjnych diet. Być może wiesz już także, że nadmierne, wyczerpujące ćwiczenia hamują pracę hormonów, co powoduje przybranie na wadze więcej niż się straciło podczas tych ćwiczeń. Co więcej, takie nieudane próby są też przyczyną dodatkowego stresu, a co za tym idzie, oczywiście dalszego tycia. Nie ma potrzeby stosowania obsesyjnych diet, zażywania niezdrowych tabletek czy katowania swojego ciała wyczerpującymi ćwiczeniami.

Istnieje wysoce skuteczny i przyjemny sposób na pozbycie się niechcianych i niezdrowych kilogramów oraz późniejsze utrzymanie niższej wagi. Współczesna nauka wielokrotnie to udowodniła.
Badania nad wpływem myśli i emocji na nasze Ciała były prowadzone przez dziesiątki lat przez różnych naukowców. Doprowadziło to do konkluzji, że nasz Umysł może kontrolować nasze funkcje fizjologiczne, wpływając na nasze geny, zdrowie i DNA.

To nagranie jest specjalnie zaprojektowane, aby pomóc Ci w pozbyciu się nadmiernej, niezdrowej wagi, a jednocześnie stopieniu Twoich podświadomych lęków i negatywnych blokad powodujących twoją nadwagę.

„Twoje piękne, zdrowe i młodzieńcze Ciało: Zaprogramuj się na cieszenie się naturalnie pięknym i zdrowym Ciałem”:

Nasze Ciała zostały zaprogramowane tak, by pozostać naturalnie piękne, zdrowe i młodzieńcze, a my mamy się nimi cieszyć przez całe nasze życie. Starożytne kultury wiedziały o tym i opracowały konkretne narzędzia służące do wpływania na podświadomość, by móc się cieszyć pięknym, zdrowym i młodzieńczym Ciałem.

Przy użyciu technik starożytnych Mistrzów służących do

przeprogramowania podświadomości, fal theta i alfa oraz specjalnego programu opracowanego przez Johannę Kern - nagranie to pomoże Ci w naturalny sposób ustabilizować swoją wagę, poprawić swoje zdrowie, a nawet zmienić kształt swojego Ciała.

Będziesz w stanie przestawić tak zwany „punkt ustalonej wagi dla Ciała" w swoim mózgu, co pomoże Ci w naturalny sposób ustabilizować swoją wagę - bez obsesyjnych diet czy wyczerpujących ćwiczeń

„To, Co Powinieneś Usłyszeć Każdego Dnia: Ulubione Przekazy dla Serca, Ciała i Umysłu":

To specjalne nagranie, wypełnione jest pozytywnymi przesłaniami, których często brakuje nam w życiu. Wyobraź sobie, że zamiast wypełniać Ci głowę negatywnymi programami na temat Ciebie i Twojego życia, ktoś będzie mówił Ci to, co naprawdę potrzebujesz usłyszeć każdego dnia: od przekazów poprawiających Twoją wizję samego siebie do takich, które pomogą Ci w procesie poprawy zdrowia, znalezienia miłości, relacji z samym sobą bądź innymi, rozwinięciu skrzydeł, umocnieniu swojej pozycji w pracy, budowaniu kariery lub stwarzaniu życiowego dostatku.

UWAGA: Johanna Kern ciągle nagrywa kolejne MP3 i pisze kolejne książki. Aby być na bieżąco, najlepiej odwiedzić jej oficjalną stronę internetową i zapisać się na jej newsletter:

http://johannakern.pl/

JAK SKONTAKTOWAĆ SIĘ Z JOHANNĄ KERN:

Zapisz się na newsletter na stronie oficjalnej Johanny Kern:
http://johannakern.pl/ (jęz. polski)
lub
https://johannakern.com/ (jęz. angielski)

Polub fanpage Johanny Kern na Facebooku:
www.facebook.com/JohannaKernAutorka/

Subskrybuj kanał Johanny Kern na YouTube:
wpisz jej imię i nazwisko w wyszukiwarce

Poszukaj Johanny Kern w LinkedIn (w j. angielskim)
oraz
Dowiedz się więcej o autorce w angielskiej i polskiej Wikipedii

Aby dowiedzieć się o możliwości udziału Johanny Kern w szkoleniach/konferencjach/eventach, napisz maila na:

info@johannakern.pl

Indeks Wewnętrznych Podróży:

www.ingramcontent.com/pod-product-compliance
Lightning Source LLC
Chambersburg PA
CBHW061719270326
41928CB00011B/2041

9781989913574